FELIX MENDELSSOHN
(1809–1847)

JÜDISCHE MINIATUREN
Herausgegeben von Hermann Simon

Band 227 FELIX MENDELSSOHN

Alle »Jüdische Miniaturen« sind auch im Abonnement beim Verlag erhältlich.

Die Deutsche Nationalbibliothek verzeichnet diese Publikation in der Deutschen Nationalbibliografie; detaillierte Daten sind im Internet über https://portal.dnb.de/ abrufbar.

© 2018 Hentrich & Hentrich Verlag Berlin Leipzig
Inh. Dr. Nora Pester
Wilhelmstraße 118, 10963 Berlin
info@hentrichhentrich.de
http://www.hentrichhentrich.de

Korrektorat: Thea Mosebach
Satz: Barbara Nicol
Gesamtherstellung: Thomas Schneider, Jesewitz
Druck: Winterwork, Borsdorf

1. Auflage 2018
Alle Rechte vorbehalten
Printed in Germany
ISBN 978-3-95565-285-2

PETER SÜHRING

FELIX MENDELSSOHN

DER (UN)VOLLENDETE TONKÜNSTLER

Umschlag vorn:
Felix Mendelssohn, Ausschnitt aus Ölporträt von Eduard Magnus, 1846
Staatsbibliothek zu Berlin/Stiftung Preußischer Kulturbesitz

Inhalt

Vorbemerkung 7

Orte und Zeiten 10

Hamburg und Berlin (1809–1833) 11
   Die Lehrer(innen) 12
   Cervantes und Shakespeare 17
   Mendelssohns Bearbeitung von
      Bachs *Matthäuspassion* 21
   Die Berliner Sing-Akademie und ihr
      Direktorposten 27

Düsseldorf (1833–1835) 32

Leipzig – Berlin – Leipzig (1835–1847) 35

Aspekte

Familie und Freunde 41

Reisen (Landschaften und Fluchtpunkte),
Briefeschreiben und Zeichnen 46

Mendelssohn und das Judentum 50

Kompositionen

Werkgeschichte und Kompositionsweisen	60
Werke nach Gattungen	
Vokalmusik	65
Geistliche Chormusik, große und kleine Formen	65
Drei sinfonische Kantaten: *Dürer-Festmusik, Die erste Walpurgisnacht, Lobgesang*	68
Drei Oratorien: *Paulus, Elias, Christus*	69
Klavierlieder mit Worten (Zyklen)	72
Chorlieder (Zyklen)	74
Opern (sechs Jugendopern und ein spätes Fragment)	74
Vier Schauspielmusiken (Shakespeare, Sophokles, Racine)	77
Instrumentalmusik	
Orchestermusik mit und ohne Solisten (Konzertouvertüren, Streichersinfonien, vier Sinfonien, Konzerte)	80
Kammermusik (Klavier- und Ensemblemusik)	86
Chronologisches Verzeichnis der Werke Mendelssohns	90
Wichtige Bücher zu Felix Mendelssohn	95
Über den Autor	97

Vorbemerkung

Diese Miniatur über das kurze Leben und die langlebige Kunst des Felix Mendelssohn kann keine detaillierte und abgerundete Biografie oder Werkeinführung des Musikers geben; eher kann man sie stellenweise als eine Art Gegendarstellung betrachten. Allzu bekannte Tatsachen und nähere Hinweise auf einige seiner meist gespielten Werke werden hier vernachlässigt. Der vorliegende Versuch orientiert sich stattdessen an neuralgischen Punkten, Lebensstationen und einzelnen Momenten, die für Mendelssohns Wirken konstitutiv oder charakteristisch waren und nicht im allgemeinen Bewusstsein sind. Idealisierende wie verächtlich machende Einstellungen zu Mendelssohn sind ein Nachhall von Verhaltensweisen und Maßstäben aus dem 19. Jahrhundert. Anhand der nationalsozialistischen Musikpublizistik könnte man aufzeigen, auf welche bereits lange vorher kursierenden Vorurteile die NS-Musikpropaganda aufbauen konnte und wie sehr die auch nach 1945 anhaltende Mendelssohn-Kritik im Bannkreis des Nazi-Jargons blieb. Die vorliegende Darstellung will keine Apologie Mendelssohns sein, obwohl es schwerfällt, im Falle Mendelssohns nicht apologetisch zu werden angesichts der kenntnis- und gedankenlos tradierten Vorurteile. Sie werden unter der Hand weitergegeben, ohne zu wissen, woher sie stammen – aus eigenen Hör- und Leseerfahrungen jedenfalls nicht.

Heutzutage scheint die Erkenntnis weit genug verbreitet, dass vieles, was über Felix Mendelssohn, eine zentrale Gestalt des deutschen und europäischen Musiklebens aus der ersten Hälfte des 19. Jahrhunderts, kolportiert wurde, falsch ist und möglichst schnell vergessen werden sollte. Es lohnte sich nicht einmal, daran auch nur negativ anzuknüpfen. Und so ist dieser kleine Beitrag zur Mendelssohn-Literatur davon geprägt, die besonders in Deutschland tief sitzenden Vorurteile stillschweigend zu übergehen.

Die Situation für eine Korrektur gängiger Mendelssohn-Bilder ist eigentlich recht günstig, sind wir zwar noch lange nicht im Besitz all seiner musikalischen Kunstwerke in gedruckter Form, aber immerhin all seiner bisher aufgefundenen Briefe in einer kritischen Ausgabe (Kassel 2008–17), eines etwas überdifferenzierten, aber letztlich zuverlässigen Werkverzeichnisses (Wiesbaden 2008), welches klarstellt, wie viel von Mendelssohn noch unveröffentlicht ist; und zweier Bände mit Interpretationen fast aller seiner Werke, verfasst von Autor(inn)en, die sich neugierig, unvoreingenommen und verständnisvoll Mendelssohns Œuvre genähert haben (Laaber 2016). Auch nimmt die Zahl von Einspielungen noch unbekannter Werke von Mendelssohn zu, diskographische Veröffentlichungen zu Mendelssohns 200. Geburtstag im Jahr 2009 haben weitere Teile der Kammermusik und vor allem sein gesamtes geistliches Chorwerk zugänglich gemacht.

Bornheim und Berlin
Winter 2017/18

Orte und Zeiten

Felix Mendelssohn Bartholdy war kein geborener Mendelssohn Bartholdy, sondern ein geborener Mendelssohn. Der ihm (wie den drei anderen Geschwistern) anlässlich der christlichen Taufe seiner Eltern erst im Jahr 1822 ohne Bindestrich angehängte Beiname Bartholdy – er ist also nicht einmal der Taufname von Felix – war in der Familie Mendelssohn umstritten. Er stammte von einem Onkel mütterlicherseits, der den irreligiösen Vater von Felix – den Bankier Abraham Mendelssohn, einen Sohn der aus Hamburg stammenden Fromet Gugenheim und des jüdischen Religionsphilosophen und Aufklärers Moses Mendelssohn – dahingehend agitiert hatte, seine Kinder christlich taufen zu lassen, um ihnen nicht ein »verlängertes Märthyrthum« einer »gedrückten, verfolgten Religion« aufzuzwingen, »sofern man sie nicht für die Alleinseligmachende hält« – was Abraham Mendelssohn nicht tat. Felix' Taufe erfolgte in seinem 8. Lebensjahr (dem 11. seiner Schwester Fanny), Felixens Vater Abraham wie auch seine Mutter Lea Mendelssohn, geborene Salomon, folgten erst später (1822, nachdem Abraham sich aus dem gemeinsam mit seinem dem Judentum treu bleibenden Bruder Joseph betriebenen Bankhaus verabschiedet hatte) dem über ihre Kinder verfügten Beispiel und ließen sich christlich taufen, um, wie

Heinrich Heine diesen Vorgang 1831 spöttisch charakterisierte, das »Entre Billet zur europäischen Kultur« zu erwerben. Felix Mendelssohn fing später an, mit diesem Beinamen zu hadern. Am radikalsten äußerte sich seine Schwester Rebekka: »Bartholdy? – nebbich!« (niemals!).

Hamburg und Berlin (1809–1833)

Das seit 1811 (seinem dritten Lebensjahr) in Berlin aufwachsende zweite Kind des Ehepaars Lea und Abraham Mendelssohn, ihr Sohn Felix, wurde nicht dort geboren, sondern am 3. Februar des Jahres 1809 in der Großen Michaelisstraße in Hamburg, wo der Vater Compagnon des Bankhauses der Gebrüder Mendelssohn war und die Stadt nach dem Einmarsch napoleonischer Truppen verlassen musste, weil er zuvor die preußischen Truppen finanziell unterstützt hatte. Auch in Berlin waren die Geschäfts- und Wohnverhältnisse zunächst schwierig. Man logierte ein Jahr lang in einer der Mutter Leas, Bella Salomon, gehörenden und ihr als Sommersitz dienenden ehemaligen Meierei (mit Namen Bartholdy) vor dem Schlesischen Tor. Dann wurde eine zentral gelegene Wohnung in der Stadt, in der Markgrafenstraße, nahe des Gendarmenmarkts gemietet, und von 1820–24 wohnte man wieder bei Bella Salomon in der Wohnung auf der Neuen Promenade in der Spandauer Vorstadt bis diese starb. Erst im Jahr 1825 wurde das berühmte Haus mit Remise in der Leipziger Straße bezogen.

Die Lehrer(innen)

Nachdem die Mutter schon bei der Geburt ihrer Tochter Fanny befunden hatte, diese habe »Bach'sche Fugenfinger«, war es um die musikalische Beobachtung und Ausbildung auch des zweiten Kindes sicher nicht schlecht bestellt. Fanny und Felix erhielten ihren ersten Klavierunterricht bei der Mutter, später, aber schon im Jahr 1816 während eines längeren Aufenthalts in Paris (wo das Bankhaus Mendelssohn einstmals gegründet worden war) bei der Pianistin Madame Bigot. Schon seit 1815 unterrichteten die Eltern ihre beiden Kinder als Hauslehrer, der Vater in Französisch und Mathematik, die Mutter in Deutsch, Literatur und Kunst. Nach der Rückkehr aus Paris wird die musikalische Ausbildung in außerhäusliche Hände gelegt, vor allem in die des Pianisten und Komponisten Ludwig Berger. Aber auch das Verhältnis der älteren, talentierten, geistreichen und liebenswerten Schwester Fanny zu ihrem kleineren Bruder Felix (mit dem sie bis zu ihrem 23. Lebensjahr unzertrennlich war) war auf die Musik bezogen ein pädagogisches. Rückblickend schrieb sie 1822: »Ich habe sein Talent sich Schritt vor Schritt entwickeln sehen, und selbst gewissermaassen zu seiner Ausbildung beigetragen. Er hat keinen musikalischen Rathgeber als mich, auch sendet er nie einen Gedanken auf's Papier, ohne mir ihn vorher zur Prüfung vorgelegt zu haben.« Da spielte Felix nicht mehr nur Klavier und Geige, wie er es bei Ludwig Berger sowie dem späteren Konzertmeister der Königlichen Kapelle, Carl Friedrich Henning, gelernt hatte, sondern hatte auch schon angefangen zu komponieren. Er war bis zu diesem Zeitpunkt in den Mendelssohnschen Hauskonzerten (den Sonntagsmusiken, die Fanny bis kurz vor ihrem plötzlichen Tod im Jahr 1847 fortführte) in der Neuen Promenade 7 am Hackeschen Markt mit einer Sonate für zwei Klaviere, einem Klaviertrio, einem Klavierquartett, fünf Streichersinfonien und drei Singspielen hervorgetreten, nicht nur als Komponist, sondern auch als Virtuose und Dirigent.

Seit 1819 übernahm der Hauslehrer Ludwig Heyse den Unterricht der Kinder in den allgemeinbildenden Fächern. Bei diesem Altphilologen war der humanistische Horizont der Ausbildung gewährleistet. Zugleich wurden Fanny und Felix dem Direktor der Singakademie Carl Friedrich Zelter zum Unterricht in Musiktheorie und Komposition übergeben. Dennoch dürften es eher der Klavierunterricht und die Gespräche mit dem auf der Höhe der Zeit befindlichen Ludwig Berger gewesen sein, die den Knaben Mendelssohn zu einer erstaunlich frühreifen und ausdrucksstarken Art zu Komponieren animierten. Mendelssohn widmete ihm seine seit 1824 entstehenden *Sieben Charakterstücke für Klavier* (op. 7, gedruckt 1827). Ludwig Berger hatte in St. Petersburg bei den Pianisten und Komponisten Muzio Clementi und John Field gelernt, war im Berliner Freundeskreis um den Dichter Wilhelm Müller aktiv und hatte dort u.a. (noch bevor Schubert sich dieses Sujets annahm) ein Liederspiel zu Müllers *Die schöne Müllerin* geschrieben. Bergers an Mozart und Beethoven orientierte Musikpraxis hatte dem kindlichen Mendelssohn früh einen ganz anderen Horizont eröffnet als die etwas verzopft scheinende Schulung bei Zelter, die sich auf die Kompositionslehren des Hofkomponisten beim Alten Fritz, Johann Philipp Kirnberger (eines echten Fugen-Meisters), stützte.

Berger selbst hat diese Überzeugung anlässlich einer vorübergehenden Trennung von den Mendelssohns und der Aufgabe seines Lehrer-Verhältnisses zu Felix in einem Brief an seine ehemalige Schülerin Jenny Sieber vom 21. April 1822 klar formuliert:

> »Es wurde mir gewiß sehr schwer mich von dem Knaben auf immer zu trennen, auf den ich fünf Jahre lang all' mein Wissen ausgegossen, mit Lust und gro-

ßem, seltenem Erfolg. Was auch Zelter, dem ich gewisse Verdienste um ihn nicht abspreche, sagen mag, so bin ich doch innigst überzeugt, an der Entwicklung auch seiner kompositorischen Anlage einen großen, und wie ich glaube, den bedeutendsten Teil zu haben, eine Ausbildung, die Jener ihm nicht geben konnte. Felix wird gewiß einer der bedeutendsten Componisten und Phantasten, die je componirt und phantasirt, und ist jetzt glücklicherweise so weit, daß er durch schlechte oder einseitige Lehrer nicht mehr verdorben werden kann, wenn es auch im Schönspielen zurückgehen sollte.«

Ein gutes Jahr später, nachdem sich Bergers Beziehung zur Familie Mendelssohn wieder eingerenkt hatte, hieß es an die gleiche Adressatin:

»Felix Mendelssohn besucht mich jetzt öfter, und zeigt mir seine noch unbekannten, neueren Compositionen. Der Vater, ein höchst ungeduldiger Mensch, der alle Tage Neues und zwar Unerhörtes sehen will, zweifelt hier und da an seinen Anlagen und Fortschritten, und hat mich um meine unmaßgebliche Meinung gebeten« (Brief vom September 1823).

Zwischenzeitlich hatte Mendelssohn auch bei dem Mozart-Schüler und -Freund Johann Nepomuk Hummel Klavierunterricht; darauf bezieht sich Bergers Befürchtung, das Schönspielen könne bei Felix zurückgehen.

Die überlieferten Studienhefte von Felix und Fanny Mendelssohn zeigen die Schulung bei Zelter. Sie war ein ebenso notwendiger wie trockener Unterricht im strengen Satz, der als eine Art disziplinierendes Gegengift gegen allzu frühe, hochfliegende kindlich-phantastische Auswüchse beim Komponieren wirken mochte. Warum hat man bisher in der Geschichtsschreibung diesem Unterricht bei Zelter einen so hohen Stellenwert eingeräumt? Wahrscheinlich wegen der institutionellen Anbindung Zelters an die von ihm geleitete Singakademie, in deren Ripienschule (Proben für Tutti-Spieler) und Freitagsmusiken die beiden musikalisch hochbegabten Mendelssohn-Kinder als praktizierende Musiker teilnehmen durften. Und wegen seines guten Rufs als Lehrer und nicht ganz uneingeschränkter Vertreter eines Berliner Bach-Kults, der auch von Felix' Großtante Sara Levi mitgetragen wurde. Jedenfalls könnte dieser Unterricht die Höhe und neuartige Frische, den gar nicht altbackenen Charakter von Felixens ersten Kompositionen nicht annähernd erklären. Zelter war allerdings mindestens so wie für den strengen Satz auch für italienische Melodik zu begeistern und könnte als Verehrer nicht nur von Vater Bach, sondern auch des Bach-Sohnes Emanuel und Rossinis, durchaus zum Entstehen der ersten Streichersinfonien seines 13-jährigen Schülers beigetragen haben, denn diese knüpfen in ihrem Idiom unmittelbar an die Streichersinfonien des Berlin-Hamburger Bach-Sohnes Carl Philipp Emanuel und an die Streicherserenaden des 12-jährigen Rossini an. Ähnlich wie bei Mozart bestand die Frühreife bei Felix Mendelssohn aber in etwas anderem als dem perfekten Befolgen von gegebenen Anweisungen der Erwachsenen oder vorfindlichen Mustern. Frühreife meint hier nicht nur das fliegende, wunderkindliche Aufnehmen und produktive Verarbeiten der nachgeahmten bisherigen Praxis, sondern das Beimischen eigener, origineller Elemente. Und so komponierte Felix Mendelssohn als Kind und Jugendlicher oft im Stile von diesem oder jenem übermächtigem Vorbild, nur um sich selber zu beweisen, dass auch er diesen Stil beherrsche, um dann zu anderen, eigenen, neuen Gestalten überzugehen.

Cervantes und Shakespeare

Neben den Dichtern der griechischen und römischen Antike, die der junge Mendelssohn bald im Original lesen konnte, und neben zeitgenössischen Dichtern wie Goethe und Jean Paul waren es besonders zwei europäische Dichter der früheren Neuzeit, die nicht nur im Hause Mendelssohn als literarische Hausgötter verehrt wurden, sondern im Berlin der 1810er und -20er Jahre Stadtgespräch unter den Gebildeten waren wegen der fortlaufend erscheinenden neuen Übersetzungen. August Wilhelm Schlegels Shakespeare- und Ludwig Tiecks Cervantes-Übersetzungen wurden in ihrer ersten Veröffentlichungsphase damals heftig diskutiert. Zwei Werke aus dieser Sphäre hatten es dem literaturverschlingenden Felix besonders angetan, die dann auch zu zwei bedeutenden Jugendwerken führten, von denen das eine heute so gut wie vergessen ist, das andere aber zur Initialzündung von Mendelssohns Weltruhm wurde. Gewiss kann man Mendelssohns Komposition einer Oper nach einer Episode aus dem *Don Quijote* des Cervantes als eine Art Vorlauf für seine Konzert-Ouvertüre *Ein Sommernachtstraum* nach Shakespeares Stück betrachten. Denn so sehr diese Konzert-Ouvertüre (öffentliche Erstaufführung am 20. Februar 1827 in Stettin unter Carl Loewes Leitung, nachdem sie bereits in einer der Sonntagsmusiken in der Leipziger Straße aufgeführt worden war) die Mitwelt in Erstaunen versetzte und es ihr vorkam, als wäre diese Musik vom Himmel gefallen, so sind doch Spuren der Vorbereitung auf diesen genialen qualitativen Sprung in der Schreibart des jungen Komponisten gerade auch in seinen zahlreichen frühen Bühnenmusiken zu suchen und zu finden. Der durch Intrigen des Königlichen Generalmusikdirektors Spontini und durch Sängerpech verursachte Misserfolg von Mendelssohns erster abendfüllender und öffentlich aufzuführender Oper (seiner fünften insgesamt) hatte Mendelssohn vorübergehend schwer verunsichert und verschuldete auch künftig seine übertriebenen Skrupel gegenüber dem Komponieren einer Oper. *Die Hochzeit des Camacho* über die von Don Quijote verhinderte Zwangsheirat der Quitera mit dem reichen Camacho und ihre Vereinigung mit dem von ihr geliebten aber armen Basilio war von Mendelssohn vom Juni 1824 bis August 1825 komponiert und nach langen Verzögerungen am 29. April 1827 (nicht im Opernhaus, sondern im Schauspielhaus) widerwillig aufgeführt worden. Als Mendelssohn während der Aufführung das entstehende Fiasko wahrnahm, verließ er die Spielstätte, um sich dem Publikum nicht präsentieren zu müssen. Da Mendelssohn seine Oper besser fand als ihre misslungene Erstaufführung, ließ er sie nach weiteren Überarbeitungen als sein Opus 10 im Klavierauszug drucken, der heute für weitere Aufführungen dieser Fassung letzter Hand dienen könnte.

Mendelssohns im Sommer 1826, also zwischen der Komposition und der verzögerten Aufführung der Cervantes-Oper komponierte Shakespeare-Ouvertüre wird nicht ganz zu Unrecht, aber doch sehr einseitig als jenes seiner Werke betrachtet, das am treffendsten den Charakter seiner Musik wiedergibt und angeblich auch später von ihm nie wieder erreicht worden sei. Dieses vergiftete Kompliment ist schon zu Lebzeiten von

Mendelssohn aufgetaucht und hat den Leuten bis heute die Ohren verstopft für andersartige Mendelssohn-Musik. Die liebestolle Atmosphäre der Elfen und Kobolde und die von Mendelssohn musikalisch eingefangene dazugehörige Stimmung – die er 16 Jahre später wieder aufgriff, um auf Befehl des preußischen Königs eine ganze Schauspielmusik zu diesem Stück Shakespeares zu schreiben, der er dann seine frühere Ouvertüre voranstellte – hat Mendelssohn für immer als den »Elfen-Musiker« abgestempelt und ihn mit einem bestenfalls positiven Vorurteil behaftet: die zärtlich-grazile, leicht schwebende Musik Mendelssohns gegen die schwer brütende anderer Zeitgenossen.

Der häusliche Unterricht wurde, nachdem Heyse an die Universität berufen worden war, von dem noch jungen Althistoriker Gustav Droysen übernommen. Fanny und Felix Mendelssohn lernten bei ihm alte Sprachen und fingen an, seine Gedichte zu vertonen; eine lebenslange Freundschaft begann, immer wieder wünschte sich Mendelssohn von ihm literarische Vorlagen für seine Kompositionen. Im Herbst 1827 schrieb sich Mendelssohn an der Berliner Universität ein und belegte zur Erweiterung seines Bildungshorizonts Kollegs in Ästhetik (bei Hegel), in Geografie (bei Carl Ritter), in Rechtsgeschichte (bei dem jüdischen Gelehrten Eduard Gans, dessen Bewerbung für eine Hochschulprofessur durch eine Kabinettsordre des preußischen Königs verhindert worden war und dem dann 1825, nach seiner christlichen Taufe, eine außerordentliche Professur gewährt worden war) und in Naturwissenschaften (bei Alexander von Humboldt, zu dessen Naturwissenschaftler-Kongress im Jahr 1828 er dann eine Begrüßungskantate schrieb).

Mendelssohns Bearbeitung von Bachs Matthäuspassion

Nicht erst durch Zelter, sondern schon durch die hauseigene, innerfamiliäre, auch von der Mutter Lea getragene Verehrung für den Fugenmeister Sebastian Bach kam Felix früh mit dessen Klavierkompositionen (v.a. mit den Präludien und Fugen aus dem *Wohltemperierten Clavier*) in Berührung. Bella Salomon (wie ihre Schwester, die Klavierspielerin und Salonière Sara Levi, eine geborene Itzig), die Mutter von Lea Mendelssohn, war es auch, die ihrem 15-jährigen Enkel Felix kurz vor ihrem Tod im Jahre 1824 eine Abschrift der *Matthäuspassion* von Bach schenkte, die nach einer Quelle aus dem Besitz der Zelterschen Singakademie angefertigt worden war. Bis zur von Mendelssohn geleiteten Aufführung seiner Bearbeitung der *Matthäuspassion* im März 1829 war es noch ein weiter Weg, aber bereits 1827 bildete sich im Hause Mendelssohn (seit Dezember 1825 in der Leipziger Straße 3 befindlich, mit Remisensaal und Garten) ein Viererkollegium aus

Gustav Droysen, Eduard Devrient, Adolf Bernhard Marx und Felix Mendelssohn, das, zusammen mit Felix' Geschwistern und anderen, einen eigenen Chor zusammenstellte und Proben zur *Matthäuspassion* aufnahm, mit dem festen Vorsatz, diese eines Tages öffentlich aufzuführen – besser nicht halbprivat wie in den Sonntagsmusiken, sondern möglichst öffentlich, am besten in der Singakademie, die gerade ein neues eigenes Gebäude errichtet hatte. Der Wunsch dazu war auch im Innern der Singakademie schon lange vorhanden, wurde allerdings für unausführbar gehalten. Immer wieder wurden schon in den 1820er Jahren Chöre aus der Bachschen *Matthäuspassion* in den Proben der Singakademie gesungen und auch Arien probiert. So musste bereits im Jahr 1820 Carl Loewe im Rahmen eines von Zelter zu absolvierenden Prüfverfahrens, bevor Loewe zum Musikdirektor in Stettin berufen werden konnte, in der Zelterschen Liedertafel eine schwierige Tenorarie aus der *Matthäuspassion* extemporieren.

Zelter erkannte und förderte dann in dem jungen Mendelssohn (zunächst widerstrebend, dann aber vorbehaltlos) endlich jenen fähigen Mann, der diesen Plan ins Werk setzen könnte. Um an eine gesamte, etwa werkgetreue Aufführung der *Matthäuspassion* unter seiner Leitung zu denken (die Musik so zu »traktieren wie zu Bachs Zeit«), galten Zelter die damit verbundenen aufführungspraktischen Fragen als zu ungeheuerlich und mit den vorhandenen Mitteln unlösbar. Also zögerte er zunächst, den »jungen Rotznasen« die Verwirklichung dieses Wunsches zu übertragen. Dazu überreden konnte ihn nicht etwa Mendelssohn, der eher bereit war, vor der Dickköpfigkeit Zelters zu kapitulieren, sondern der Sänger und Schauspieler Devrient, der dann auch die Jesus-Partie sang.

Felix Mendelssohn hatte durch den Besitz einer Abschrift der *Matthäuspassion* Bachs jahrelang Zeit, sich mit dem Werk und dem Gedanken an eine nicht historisierende, sondern modernisierte Wiederaufführung anzufreunden. Außerdem wusste er von demselben Plan des Gründers und Leiters des katholischen Frankfurter Cäcilienvereins Johann Nepomuk Schelble, und so könnte man fast von einer konzertierten Parallelaktion sprechen, denn nur wenige Tage nach der Berliner fand die Frankfurter Wiederaufführung der Bachschen *Matthäuspassion* statt, die schon damals kaum Aufsehen erregte, jedenfalls nicht als jene »Wiederentdeckung« Bachs und als der Beginn einer Bach-Renaissance in Deutschland gehandelt wurde, wie die vorab und nachträglich als solches propagierte Berliner Aufführung. Der damals noch mit Mendelssohn befreundete Berliner Musikpublizist und baldige Musikdirektor der Berliner Universität Marx war es vor allem, der schon vor der Aufführung eine überspannte Werbetrommel rührte. Dafür, dass dieses Berliner gesellschaftliche Ereignis damals einen »Bach-Mythos« hervorgerufen hat, ist wohl Marx verantwortlich. Er trat als Bachs und Mendelssohns Apostel auf und schreckte auch vor den schrillsten Propagandamitteln nicht zurück, um dieses durchaus mutige Passionskonzert in ein nationales Erweckungserlebnis umzudeuten.

Das Vorhaben, anlässlich der 100. Wiederkehr der Leipziger Erstaufführung unter Bachs Leitung eines seiner anspruchsvollsten Werke wiederaufzuführen, lag aber eh schon in der Luft und wurde in mehreren deutschen Städten vorbereitet. Bereits im April 1828 schrieb Mendelssohn an den mit ihm befreundeten Stockholmer Musiker-Kollegen Adolf Fredrik Lindblad: »Überhaupt aber kommt Bach in Mode; in Frankfurt a/M hat man sein Credo [aus der h-Moll-Messe] aufgeführt und will die [Matthäus-]Passion geben.« Man sollte also die Behauptung, Bach sei nach seinem Tod vergessen worden, vergessen. Leipzig, Berlin und Wien waren Zentren einer allerdings kaum öffentlich zu nennenden, sondern sich in Zirkeln abspielenden Bach-Pflege auf der Grundlage kursierender Abschriften von Bachs Werken. Den ersten Versuch zu einer Werkausgabe Bachs unternahm Ambrosius Kühnel in Wien bereits 50 Jahre nach Bachs Tod, und eine erste Bach-Biografie, die von Johann Nikolaus Forkel, erschien im Jahr 1802.

Mendelssohns Berliner Bearbeitung der *Matthäuspassion* Bachs war ein Geniestreich und machte aus einem mitunter schwerfälligen, 200-minütigem Koloss eine 110-minütige geistliche Oper. Er konzentrierte sich fast ganz auf das dramatische biblische Geschehen um die Selbstopferung und das Leiden des Gottes- und Menschensohnes Jesus und kappte einfach die gesungenen, weit abschweifenden theologisch-poetischen oder christologischen Spekulationen und Ergüsse frommer Seelen in Form von Dacapo-Arien zugunsten einer halbszenischen Wiedergabe des Passionsgeschehens mit wenigen pointierten arienhaften oder chorischen Kommentaren. Mit musikdramatischem Gespür hatte Mendelssohn den gegen Bach zu dessen Lebzeiten in Leipzig aufgekommenen Vorwurf, einer kirchenmusikalisch anstößigen, opernhaften Dramatik zu frönen, provokativ oder subversiv verschärft, dabei positiv gewendet und die Bachsche Passionsmusik auf eben diese Elemente zugespitzt und kondensiert. Er gruppierte in stetem Attacca-Wechsel der musikalischen Formen um den dramatischen Bericht des Erzählers Matthäus und die Jesu-Worte herum die anderen beteiligten Protagonisten, vor allem die abtrünnigen Jünger und die synagogalen und weltlichen Richter sowie die tobende Volksmasse und gewährt dem aufwühlenden Geschehen vom Garten Gethsemane bis Golgatha nur wenige ariose und chorische Momente des musikalisch-meditativen Innehaltens und Betrachtens.

Am 11. März 1829 war in der Berliner Singakademie also vor allem eine gelungene zeitgemäße Bearbeitung dieses gigantomanischen Werks Bachs zu hören. Man hörte tatsächlich ein Meer brausen (das schon Goethe damals bis nach Weimar wollte vernommen haben); die letzte Zeile des Schlusschores der Bachschen *Matthäuspassion* in der Bearbeitung Mendelssohns lautet: »Höchst vergnügt schlummern da die Augen ein«. Mendelssohn katapultierte damit zwar die Bachsche *Matthäuspassion* in eine Bach fremde, andere, säkular-bürgerliche Oratorien-Tradition, die von Händel und Haydn herrührte, schuf damit aber eine auch außerhalb der Kirche aufführbare Fassung. Die dritte Aufführung dirigierte Mendelssohn schon nicht mehr selbst, sondern überließ dies dem damit überforderten amtierenden Singakademie-Direktor Zelter (dem dabei Fanny Mendelssohn assistierte) und machte sich auf eine längere Reise durch Europa.

Auch bei Mendelssohns späteren Bach-Bearbeitungen in Leipzig ging es ihm um ältere Musik in einem neuen Gewand, sodass man von einer »Erfindung Bachs« sprechen muss; man redete damals auch von »alten Neuigkeiten«. Man sollte über Mendelssohns Zuneigung zu Bach sein mindestens ebenso großes Interesse an Händel nicht vergessen; es äußerte sich in mehreren deutschen Erst- und Wieder-Aufführungen von dessen Oratorien, bei denen er sich auf eine zumindest flüchtige Einsicht in die englischen Originalhandschriften stützen konnte, aber auch hier seinem bearbeitenden modernen Geschmack folgte, besonders in der Frage der Orgelbegleitung.

Die Berliner Sing-Akademie und ihr Direktorposten

In Paris weilend erfuhr Mendelssohn im März 1832 vom Tod seines Freundes (und Widmungsträgers seines vierten Klavierquartetts) Goethe in Weimar, im Mai in London von dem seines (mit Goethe befreundeten) Lehrers Zelter in Berlin. Und wohl auch deswegen, weil er sich Hoffnung auf die Nachfolge Zelters als Direktor der Berliner Singakademie machte, kehrte er nach Berlin zurück und kandidierte schließlich für diesen Posten, sicherlich auch in der Absicht, den Musizierstil dieses Chorinstituts zu reformieren und dem neuen vokal-instrumentalen Stil einer emanzipierten Bürgerlichkeit anzupassen. Er fand bei den philisterhaften Berlinern viel Gleichgültigkeit und Abneigung, was ihn zutiefst deprimierte. Aber er raffte sich noch einmal auf: Um den Berlinern zu zeigen, was er draußen in der Welt auf seinen Reisen gelernt hatte, welchen Musizierstil er sich bei seinen Konzerten in Rom, Paris, München, Frankfurt und London angeeignet hatte und was auf sie zukommen würde, wenn er in Berlin bleiben und eine feste Anstellung annehmen würde, veranstaltete Mendelssohn Ende 1832/Anfang 1833 einen dreiteiligen Konzertzyklus im Gebäude der Singakademie, in dem er Musik von Bach bis Mendelssohn präsentierte, um Tradition und Innovation miteinander zu verknüpfen.

Am 22. Januar 1833 fand die Wahl des neuen Direktors der Singakademie auf einer Generalversammlung der aktiven Mitglieder statt. Die Mitglieder hatten (nachdem der von Schleiermacher protegierte Dresdner E. G. Reissiger seine Kandidatur zurückgezogen hatte) die Wahl zwischen zwei Extremen und dem nicht immer goldenen Mittelweg. Der stellvertretende Direktor Carl Friedrich Rungenhagen wollte den weiteren Weg nach Zelters Vorbild gehen; Eduard Grell galt als rückwärtsgewandt und wollte in der Singakademie die ursprüngliche Idee des A-cappella-Gesangs wiedererrichten und war gegen die Unterordnung des Gesangs unter die moderne Instrumentalstimmung. Seine Kompositionen sollte man mit denen Palestrinas verwechseln können. Unter ihm fürchtete die Mitgliedschaft vom Strom der Zeit ins Abseits gedrängt zu werden, und er erhielt nur vier Stimmen, wurde dann aber nach Rungenhagens Tod im Jahr 1853 Direktor. Mendelssohn vertrat die rückhaltlose Modernisierung auch in der musikalischen Praxis, also das Singen der alten Meister in Bearbeitungen für bürgerliche Massenchöre und die Aufführung zeitgenössischer neuer Werke aus dem vokal-instrumentalen Komplex. Diese Perspektive dürfte den meisten Mitgliedern zwar nicht unsympathisch gewesen sein, hatte ihre Anwendung vor vier Jahren durch die modern bearbeitete Aufführung der *Matthäuspassion* Bachs doch nur Ruhm eingebracht, der gerade zu verblassen begann. Trotzdem wählte die überwältigende Mehrheit von 148 Stimmen das in der Person Rungenhagens verkörperte bequeme Mittelmaß. Der Hang zur Modernisierung wird bei den meisten Mitgliedern von dem Bedenken gebremst worden sein, ob ein junger Mann aus ehemals jüdischem Hause einer Institution vorstehen dürfe, die sich immer noch als konfessionell gebundener christlicher Gesangverein verstand. Die religiös-kulturellen Vorurteile gegen die assimilierte jüdischstämmige Minderheit, die gerade begonnen hatte, sich zu emanzipieren und in bürgerlich-künstlerische Berufe Eingang zu finden, siegten über die musikalische Vernunft und die Möglichkeit, auch in Berlin und mit der Singakademie als eines der Zentren des preußischen Musiklebens die Tendenz der künstlerischen Liberalität mitzutragen und zu befördern. Und so erhielt Mendelssohn nur 48 Stimmen; er war darüber angesichts seiner auch für die Singakademie erbrachten künstlerischen Leistungen tief gekränkt und wird in Zukunft jede Möglichkeit, außerhalb Berlins zu reüssieren, begierig aufgreifen.

Das Zerplatzen der Beschäftigungs- und Anstellungspläne in Berlin durch die Ablehnung von Mendelssohns Direktor-Kandidatur durch die Mitglieder der Singakademie darf man als Zäsur im Leben Mendelssohns ansehen. Die ihm angetragene Musikdirektor-Position an der Berliner Universität hatte er bereits selbst ihm Jahr 1830 abgelehnt und seinem Freund Marx zugeschanzt. Trotzdem ergibt sich eine erstaunliche Bilanz des bisher Vollbrachten – selbst wenn man längst weiß, dass Mendelssohn in seiner Kindheit und Jugend und in seinen frühen Mannesjahren von 1819 bis 1833 unermüdlich komponiert hat, gerade auch auf seinen zahlreichen Reisen nach Weimar, in die Schweiz, nach Italien, Paris, England und Schottland. Die Liste umfasst jede Menge geistlicher und weltlicher Vokalmusik (darunter eine umfangreiche Festmusik für das 300-jährige Dürer-Jubiläum der Singakademie im Jahr 1828) und klein- und großformatige Instrumentalmusik für die Kammer und für den großen Saal, darunter auch sein berühmtes Streichoktett, zwei weitere Konzertouvertüren (*Hebriden* und *Meeresstille und glückliche Fahrt*), seine 1. Sinfonie in c-Moll und sein 1. Klavierkonzert in g-Moll, zum Teil Werke, die er in Italien komponiert und in London uraufgeführt und nun ab Juni 1832 nach einer zweijährigen Abwesenheit auch in Berlin präsentiert hatte. Sein vorläufig letzter öffentlicher Berliner Konzertauftritt brachte noch die Uraufführung der Urfassung seiner in Italien komponierten Goethe-Kantate *Die erste Walpurgisnacht*. Er beendete im März 1833 die Urfassung seiner Italienischen Sinfonie, um sie im Mai in London uraufzuführen, und nahm die folgenschwere Einladung an, nach seiner Rückkehr aus London das Niederrheinische Musikfest in Düsseldorf zu dirigieren. Nach den erfolgreichen dortigen Konzerten mit Musik von Händel (erste deutsche Bearbeitung des halbszenischen Oratoriums *Israel in Egypt* mit Mendelssohns überarbeiteter *Trompeten-Ouvertüre* aus dem Jahr 1826 vorneweg), Beethoven und mit eigenen Werken unterzeichnete er einen Vertrag für den Posten des Städtischen Musikdirektors und trat dieses Amt nach einer weiteren London-Reise am 1. Oktober 1833 an.

Düsseldorf (1833–1835)

Die Ansicht, die knapp zwei Jahre zwischen Oktober 1833 und Sommer 1835, die Mendelssohn zwischen seiner Berliner Jugend und seiner endgültigen Berufung nach Leipzig in Düsseldorf als Städtischer Musikdirektor verbrachte, seien eine zu vernachlässigende Episode gewesen, ist durch die Düsseldorfer Ausstellung des Heinrich-Heine-Instituts im Jahr 2009 und deren Katalog »Übrigens gefall ich mir prächtig hier« mit seiner umfangreichen Dokumentensammlung widerlegt worden. Düsseldorf war für den in oder an Berlin gescheiterten jungen und schon sehr erfahrenen Komponisten und Musikpraktiker Mendelssohn nach seinen ersten englischen Erfahrungen das richtige Pflaster zum richtigen Zeitpunkt. Zwar war Düsseldorf von Preußen annektiert worden, aber der Code Napoleon, unter dem die Düsseldorfer eine Zeitlang leben durften, und der Verlust eines eigenen Hofes hatten das lokale Bürgertum besonders für Kunst und Wissenschaft empfänglich gemacht und dazu animiert, öffentliche Bildungsinstitutionen einzurichten, die liberalen Künstlern und Wissenschaftlern ein Betätigungsfeld boten. Der Dichter Karl Immermann, den Mendelssohn völlig zu Recht wegen seines »komischen Heldenepos« *Tulifäntchen* (1829) für einen der bedeutendsten des damaligen Deutschlands hielt, lebte hier und kämpfe um die Eröffnung einer für Theater und Oper geeigneten Bühne. Es gab einen Gesangverein und ein Orchester, und Mendelssohn hatte gerade mit Erfolg eines der Niederrheinischen Musikfeste geleitet. Er wusste also, was auf ihn zukam, als er sich für die katholische Kirchenmusik und das städtische Musikleben verpflichtete sowie zusätzlich versprach, die Opernaufführungen am Theater zu leiten – was er auch mit Mozarts *Don Giovanni* (mit einem negativen adeligen Helden) und Cherubinis *Der Wasserträger* (wenn man so will der ersten proletarischen Oper mit einem positivem Helden aus dem vierten Stand) sogleich in die Tat umsetzte.

Mendelssohns intensive Probenarbeiten lösten nach anfänglichem Widerstand große Begeisterung bei den Sängern und Instrumentalisten aus. In der Zusammenarbeit mit Immermann ging es um die Realisierung der von jenem angestrebten »Musteraufführungen« klassischer Werke; solche prätentiösen Unternehmungen führen meistens sowohl zu finanziellen Engpässen als auch zu ästhetischen Differenzen unter den Beteiligten. Alle seine Aufgaben und damit verbundenen Ämter interessierten Mendelssohn zwar, eigentlich aber versprach er sich von seinem Aufenthalt in Düsseldorf, bei gesicherten finanziellen Verhältnissen und einem vierteljährlichen Urlaub »recht ruhig und für mich componiren zu können«, sowie auch diversen produktiven Unterhaltungen (mit Bildenden Künstlern und mit Pferden) frönen zu können.

Das Resultat dieser Jahre ist denn auch das (ursprünglich für den Frankfurter Cäcilienverein Schelbles gedachte, dann aber erst später zur Eröffnung des Niederrheinischen Musikfestes 1836 in Düsseldorf vom Komponisten selbst uraufgeführte) erste große Oratorium *Paulus*, die Konzertouvertüre *Das Märchen von der schönen Melusine*, mehrere der schönsten *Lieder ohne Worte* (aus dem 2. Heft op. 30), einige Schauspielmusiken zu Stücken von Immermann und mehrere Bearbeitungen eigener und fremder Werke. Sein freiwilliges Engagement für die Kirchenmusik und das Theater überwucherte schließlich seine geheimen kompositorischen Pläne (auch den zu einer Oper nach Shakespeares *Der Sturm*), die künstlerischen Potenzen der Düsseldorfer Musiker kamen an ihre Grenzen und so war Mendelssohn froh, nach schwelenden Auseinandersetzungen (zwischen ihm, Immermann und der Stadtverwaltung um die Frage der Theaterintendanz, die Mendelssohn auf keinen Fall übernehmen wollte) Düsseldorf in Richtung Leipzig verlassen zu können – nicht ohne immer wieder gerne nach Düsseldorf für einzelne Engagements, besonders in Verbindung mit dem Niederrheinischen Musikfest, zurückzukehren. Mendelssohn war ein lebenslustiger,

aber auch hart arbeitender Künstler – das dürfte die Quintessenz der Düsseldorfer Jahre sein.
Mendelssohns unermüdliche Suche nach Originalquellen vergangener Musik in Rheinländischen Stadt- und Dorfkirchen bis in die Umgebung von Koblenz und seine Rolle für die Wiederaufführungen kirchenmusikalischer Werke von Händel, Lotti, Pergolesi, Leo und Pierluigi da Palestrina während der von ihm veranstalteten Düsseldorfer Kirchenmusiken in St. Maximilian oder St. Lambertus ergeben auch Hinweise auf eine Vorgeschichte historisch informierter Aufführungen im 19. Jahrhundert.

Leipzig – Berlin – Leipzig (1835–1847)

Es war weder das Angebot einer Lehrstelle in Musiktheorie an der Leipziger Universität noch jenes, die Redaktion der eben begründeten *Allgemeinen Zeitschrift für Musik* zu übernehmen, das Mendelssohn nach Leipzig locken konnte. Beides lehnte er ab, weil er sich einzig als produktiven und reproduktiven praktischen Musiker sah. Er hielt Musikpublizistik für überflüssig bis schädlich, ganz im Gegensatz zu seinen Kollegen Schumann und besonders zu Wagner, der demnächst damit beginnen wird, sich und seine Konzeption eines deutschen Musikdramas langatmig und umständlich publizistisch zu rechtfertigen und die gesamte Musikgeschichte dahingehend umzuschreiben, dass sie lediglich als eine Art Vorgeschichte zu dem von ihm präsentierten »Kunstwerk der Zukunft« fungierte.

Nur seiner Bestellung zum Kapellmeister des Leipziger Gewandhauses konnte Mendelssohn nicht widerstehen und trat dieses Amt am 1. September 1835 an. Die Stadt Leipzig, ihr Gewandhaus und später das von ihm mitbegründete Konservatorium wurden für den Rest seines Lebens das wichtigste, aber nicht einzige Zentrum seiner musikalisch-praktischen Tätigkeit. Die Art und Weise, wie Mendelssohn das Gewandhaus leitete, seine Konzertformen wurden mustergültig für die deutsche bürgerliche Musikkultur. Was er in Paris, London, München, Frankfurt und Düsseldorf gesehen und selber entwickelt hatte, etablierte er mit viel Energie und Fantasie in Leipzig, und die Leipziger dankten es ihm. Die Unterstützung vonseiten des sächsischen Hofes war nicht nur ein Lippenbekenntnis wie später die des preußischen Königs, und so konnte auch Mendelssohns Plan zur Errichtung einer zentralen Ausbildungsstätte, eines Königlichen Konservatoriums, in Leipzig realisiert werden, und Mendelssohn konnte eine beachtliche Zahl hervorragender Musiker für die einzelnen Disziplinen gewinnen. Durch halbherzige Angebote und Aufforderungen des preußischen

Königs Friedrich Wilhelm IV., durch Titel und Dienstverpflichtungen unterschiedlichen Grades, die aber ohne realen Wirkungsbereich blieben, ließ sich Mendelssohn Anfang der 1840er Jahre ebenso halbherzig wieder nach Berlin locken und verpflichten, wo er zwar fleißig zu den vom König gewünschten Anlässen und Sujets komponierte, eine wirkliche Institutionalisierung seiner Vorschläge für die Verbesserung der musikalischen Zustände in der preußischen Residenzstadt aber nicht stattfand. Sodass Mendelssohn, der besser von vornherein hätte Nein sagen sollen, sich zermürbt wieder ganz nach Leipzig begab. Alle von Mendelssohn vorgeschlagenen und ihm versprochenen musikalischen öffentlichen Einrichtungen, wie die Restitution des Domchors, die Errichtung einer Musikakademie für Kirchen- und weltliche Musik, wurden nach Mendelssohns Weggang allmählich verwirklicht. Weitere Zentren seiner unermüdlichen Aktivitäten, bei gleichzeitiger Sehnsucht nach Ruhe zum Komponieren, waren und blieben das Rheinland und England.

In Frankfurt war Mendelssohn oft und gerne wegen der Musik, die dort v.a. im von Schelble geleiteten Cäcilienverein gemacht wurde. Hier lernte er 1836 seine spätere Frau Cécile Jeanrenaud kennen, verlobte sich rasch mit ihr und heiratete sie ein Jahr später. Die Liebe zu dieser Frau und die Ehe mir ihr beflügelte und stabilisierte ihn, aus ihr gingen fünf Kinder hervor: Carl, Marie, Paul, Felix und Lilli. Während des Hin-und-Her zwischen Leipzig und Berlin und den vielen Reisen, logierte die Familie oft in Frankfurt bei der eng verbundenen Schwiegerfamilie. Dafür, dass Mendelssohn Liebschaften mit weiblichen Künstlerinnen vor seiner Ehe nicht abgeneigt war, gibt es etliche Zeichen.

Mendelssohn führte in Leipzig eine Unmenge zeitgenössischer neuer Werke auf, nicht nur die posthum uraufgeführte, von Schumann aus Wien mitgebrachte große C-Dur-Sinfonie von Schubert, sondern auch neueste Werke von Schumann selbst; sogar eine Aufführung von Wagners *Tannhäuser*-Ouvertüre im Jahr 1846 wurde fälschlich mit ihm in Verbindung gebracht. Nur fand er nicht alles gut, was er zu dirigieren hatte, empfand vieles als gewollt, gekünstelt, überspannt, kunstreligiös aufgedonnert. In einem Brief an seinen Konzertmeister Ferdinand David vom Januar 1837 schämte er sich für seine Kollegen und fand: »Das verfluchte künstlerische Bewußtsein, das sie allesamt haben, und der infame göttliche Funke, von dem sie so oft lesen, die verderben alles«. Aber er dirigierte sie oder lud sie ein, zu dirigieren, wie Hector Berlioz, der 1843 sein Requiem und seine *Sinfonie fantastique* im Gewandhaus aufführen konnte.

Eine von Mendelssohn ins Leben gerufene und besonders gepflegte Konzertform waren die »Historischen Konzerte«. Ein Blick in ihre Programme genügt, um sich eine Vorstellung von dem belehrenden und genussreichen Charakter dieser Konzerte zu machen. Wenn irgendein Konzertpublikum in Deutschland damals eine Ahnung davon hat gewinnen können, auf welchen auch unbekannten und vergessenen Schätzen der Vergangenheit die imposante musikalische Gegenwart ruhte, dann das Leipziger. Hinzu kam Mendelssohns soziale Fürsorge für seine Musiker; er stritt für deren bessere Bezahlung und die pensionsrechtliche Absicherung ihrer Familien. Die Stadt Leipzig wurde schon zu Mendelssohns Zeiten ein internationaler Anziehungspunkt für junge begabte Musiker; die Namen später berühmter Musiker aus ganz Europa, die in Leipzig lernten oder auftreten konnten, ist Legion. Man denke nur an den Dänen Niels Gade oder an Joseph Joachim, den Mendelssohn als Jüngling mit nach London nahm, um dort das Violinkonzert von Beethoven zu spielen. Sie standen alle bald an seinem Grab.

Um in Zukunft mehr komponieren zu können, erklärte er dem Geschäftsführer des Gewandhauses nach dem letzten Konzert der Saison 1846/47 seinen Wunsch, die Leipziger Konzerte nicht mehr zu dirigieren, was einem Rückzug vom Amt des Gewandhaus-Kapellmeisters gleichkam. Völlig erschöpft von sechs Aufführungen seines *Elias* und anderer Konzerte kehrte er im späten Frühjahr 1847 von seiner zehnten England-Reise zurück. Er traf dort zum letzten Mal Jenny Lind, mit der er sich für eine Aufführung des Elias in Wien verabredete. Die ihn in diesem Zustand in Frankfurt ereilende Nachricht vom Tod seiner geliebten Schwester Fanny brach seine Lebensenergien endgültig und führte zu einer vorübergehenden musikalischen Lethargie – noch vor Jahresende führte die Zerrüttung mit mehreren Gehirnschlägen zu seinem frühen Tod (am 4. November). Den Versuch, nach einem Erholungsaufenthalt in Baden-Baden und Interlaken (wo er aus verfinsterter und niedergebeugter Stimmung heraus den Ausweg zur Komposition seines f-Moll-Streichquartetts gefunden und in Gedanken an die Stimme von Jenny Lind die Komposition seiner Fragment gebliebenen *Lorelei*-Oper begonnen hatte) seine Arbeit als Dirigent seines Elias (in Wien, Berlin und Leipzig) wiederaufzunehmen, überlebte er nicht.

Aspekte

Familie und Freunde

Gegen Anfeindungen und Misserfolge konnte sich Mendelssohn zwar recht gut mit Ironie und Sarkasmus zur Wehr setzen, aber zusätzlich brauchte er für seinen Schutz und seinen seelischen Ausgleich das Leben in der Familie und den Umgang mit Freunden. Da, wo ihm die Bildung und Aufrechterhaltung von Freundschaften nicht gelang, wie in Berlin, bemühte er sich um intensive briefliche Verbindungen. Diesem Herzensbedürfnis und dieser Maßnahme zum Selbstschutz haben wir einige seiner stetigen Briefwechsel zu verdanken, die eines Tages alle in unverdorbten Fassungen vorliegen werden. Innerhalb Leipzigs, wo ihm einige Freundschaften glückten, war der direkte herzliche Umgang mit Künstlern aller Art täglicher Schutz und stabilisierende Lebensform.
Intensiv und seelisch fest verankert, blieb er mit seiner Berliner Familie, aus der er kam. Den Vater schätzte er und löste sich ohne Autoritätskonflikte von ihm, als dieser seine Wege nicht mehr verstand; finanziell aushalten ließ er sich nie. Liebe und Gegenliebe zur warmherzigen und klugen Mutter blieben zeitlebens ungetrübt. Mit der älteren Schwester Fanny verband

ihn ein unzertrennliches Band der herzlichen Zuneigung und des professionellen Gedankenaustauschs. Ob er ihr Leiden an den gesellschaftlichen Zuständen – die ihr das öffentliche Leben als autonome Künstlerin, vor allem die Anerkennung als ebenbürtige Komponistin verwehrten – begriff und nachempfinden konnte, ist eher ungewiss. Ihr plötzlicher früher Tod verursachte bei ihm einen seelisch-körperlichen Kollaps, von dem er sich nur zeitweilig erholen konnte. Mit seiner anderen, jüngeren Schwester Rebekka redete er oft Klartext; ihr gegenüber, der Aufbegehrenden, konnte auch er manchmal seine Kritik an der Welt, wie sie war, äußern und immerhin ein Bekenntnis zu bitter nötigen Reformen ablegen, welche (im Gegensatz zur Revolution, der Rebekka zuneigte) das Gute am Alten bestehen lassen würden. Sein Verhältnis zum jüngeren Bruder Paul war verständig brüderlich, er schätzte ihn als Violoncellisten so sehr, dass er für sein Instrument komponierte und wünschte, dieser wolle und könne es spielen.

Dass Goethe für Mendelssohn ein Vorbild gewesen sei, hatte Schumann notiert. Die Beziehung zwischen dem jungen Virtuosen und Komponisten, der sich bei seinem ersten Besuch im November 1821 noch in kindlicher Unbefangenheit produzierte, und Goethe, der den 12-jährigen Knaben patriarchalisch empfängt und in seinem Hause musizieren ließ, war anfänglich jovial und herzlich, wurde aber immer reflektierter bis zum fünften und letzten Besuch vor Goethes Tod, der Mendelssohn als 21-jährigen reifen Komponisten, der demnächst Goethes *Erste Walpurgisnacht* vertonen wird, auf dem Weg nach Italien noch einmal in Goethes Haus in Weimar führte. Weit interessanter als die einzigartige Altmännerfreundschaft zwischen dem Vermittler Zelter und Goethe, die literarisch in dem schon auf die Nachwelt schielenden Briefwechsel überliefert ist, sind die Berichte verständiger vierter Personen, wie Ludwig Rellstab oder Johann Christian Lobe, weil sie die Konstellationen innerhalb des Dreiecks Goethe – Zelter – Mendelssohn etwas distanzierter schildern und weil darinnen auch weniger bekannte Punkte berührt werden. Goethe und Zelter fühlten sich dafür verantwortlich, der sicht- und hörbaren Hochbegabung von Felix eine dauerhafte, sich steigernde Entfaltung zu gewähren. Bei den frühen Besuchen erging man sich stark im Vorzeigen von wunderkindlichen Fähigkeiten wie Vom-Blatt-Spielen und Phantasieren. Die nicht minder hochbegabte Schwester Fanny musste zwar zurückstecken, vertonte aber letztlich mehr Goethe-Texte als Felix.

Selten erreichte Mendelssohns Lob für Robert Schumanns Musik jene verehrungsvolle Höhe, die Schumann selber der Musik seines Freundes Mendelssohn ununterbrochen angedeihen ließ. Nur angesichts der zauberischen Schönheit der Musik zu *Das Paradies und die Peri* behauptete Mendelssohn, man müsse sie unbedingt gehört haben. Die Hochachtung zwischen beiden Musikern war enorm, vonseiten Schumanns geradezu schwärmerisch, was dem ziemlich uneitlen Mendelssohn, der selber nur zu genau wusste, was er wirklich wert war, nicht ganz geheuer war – auch weil er ahnte, wie vergänglich die von ihm gesetzten Wertmaßstäbe sein würden. Mendelssohns Verehrung für die Pianistin und Komponistin Clara Schumann, für die er komponierte und mit der er oft musizierte, spielte in diesem Zusammenhang eine enorme Rolle und dürfte ihn nicht nur an seine Schwester Fanny gemahnt, sondern auch auf seine Freundschaft mit Robert einen positiven Einfluss ausgeübt haben.

Ab September 1827 war Carl Klingemann Sekretär der Königlich Hannoverschen Gesandtschaft in London, zuvor deren Kanzlist in Paris und von 1818–1827 in Berlin, mit Sitz in der Belle Etage jenes Hauses in der Leipziger Str. 3, in dessen Erdgeschoß und Hinterhaus die Mendelssohns wohnten. Aus dieser Zeit dürfte die Freundschaft mit Felix Mendelssohn stammen, die eine der intensivsten und treuesten war, deren sich Mendelssohn lebenslänglich erfreuen konnte. Ohne Klingemanns Vermittlungen in der englischen Musikwelt hätte Mendelssohn nicht so schnell und problemlos in England reüssieren können und das englische Konzertleben zu einem weiteren, nicht-kontinentalen Zentrum seiner Musikpraxis ausbauen können. Aus dem inzwischen gesichteten Material dieser Freundschaft geht nicht nur hervor, wie Klingemann in England für die Verbreitung von Mendelssohns Werken und den erfolgreichen Verlauf von dessen Reisen auf der britischen Insel wirkte und sorgte, sondern auch wie er selbst auf dem Kontinent als Komponist, Korrespondent, Musikpublizist und Schriftsteller wirkte. Die Verfertigung des Librettos zur Oper *Die Hochzeit des Camacho* war eine längere Arbeit zu dritt, von Seiten des ursprünglich von Klingemann gewonnenen Librettisten Friedrich Voigts sowie durch die Diskussionen zwischen Klingemann und Mendelssohn. Die Zusammenarbeit Klingemanns mit Mendelssohn zur Herstellung des Librettos für das Liederspiel *Aus der Fremde* in Jahre 1829 – während Mendelssohns erster großer Reise durch Schottland und England an der Seite Klingemanns konzipiert – war intensiv und detailliert. Danach wünschte sich Lea Mendelssohn Klingemann als »Felixens Scribe«: Dann »kämen ganz andre Dinge wie aus der Pariser Fabrik zu Stande« – eine Zusammenarbeit, zu der es im weiteren Verlauf leider nicht kommen sollte, allerdings sollte man, was das Libretto zum *Elias* betrifft, nicht nur Julius Schubrings, sondern auch Klingemanns Rolle als hoch einschätzen.

Reisen (Landschaften und Fluchtpunkte), Briefeschreiben und Zeichnen

Das Reisen war im Leben Mendelssohn nicht nur Elixier, Zerstreuung oder Luxus, sondern fundamentales Bildungselement seines Charakters und seiner Einstellung zum Leben. Es bildete nicht nur ungemein und allgemein, sondern es entfaltete in Mendelssohn jene kosmopolitische Haltung, die den Hintergrund bildete auch dafür, nach auswärtigen Erfahrungen dennoch nach Deutschland zurückkehren und hier sein Wirkungsfeld suchen zu wollen.

Eine der ersten Reisen wurde Ende Oktober 1821 mit Zelter unternommen. Sie sollte zunächst nur nach Wittenberg zur Einweihung des Luther-Denkmals führen, wurde dann aber über Leipzig bis nach Weimar verlängert, um Goethe den wunderkindlichen Knaben vorzustellen. Man konnte auf der Hinreise bei dem Organisten Mothschiedler auch Chladnis Klangfiguren-Experimente bewundern; in Leipzig hörte Felix nicht nur erstmals den Thomanerchor und das Gewandhausorchester, sondern Thomaskantor Schicht führte auch eine seiner acht kürzlich komponierten Motetten in der Thomaskirche auf.

Weitere Reisen führten zunächst nach Plänen des Vaters und der Erzieher in bildungsträchtige Orte oder landschaftlich beeindruckende Gegenden. Einschneidend und lange nachwirkend war die Reise im Sommer 1822 in die Schweiz, Zwischenstationen führten auf der Hinfahrt in Kassel zu einer Begegnung mit Spohr, auf der Rückfahrt in Frankfurt mit dem Kirchenmusiker Schelble. Interessant ist, dass es von den eher in Starre versetzenden Eindrücken der gewaltigen Alpenmassive zwar Zeichnungen, aber – bis auf ein Schweizerlied in einer Streichersinfonia – keine musikalischen Reminiszenzen in Form von Motiven oder Themen gibt. Erst italienische und schottische Landschaften und Klänge sollten später Mendelssohn zu solchem Tonmaterial verhelfen. Ein Fixpunkt des Vaters war Paris, auch weil er meinte, dass in der dortigen Musikakademie die entscheidenden Koryphäen säßen, um die musikalische Begabung seines Sohnes Felix zu beurteilen. Im Frühjahr 1825 hörte Cherubini das vierte Klavierquartett (h-Moll, op. 3) sowie das *Kyrie* d-Moll von Mendelssohn und zeigte sich begeistert. Man begegnete auch Rossini, George Onslow und Anton Reicha, die Rückreise führte wieder über Frankfurt, wo man Schelble Händels *Judas Maccabäus* auffführen hörte.

Die erste seiner zehn England-Reisen führte ihn bereits 1829 allein nach London, und er traf dort schon Klingemann und Ignaz Moscheles, die im Weiteren bei unzähligen Arrangements und Engagements Mendelssohns in England bis hin nach

Birmingham mitwirken werden. Er hatte Zugang zu den Musikhandschriften des British Museum, v.a. zu denen von Händel, er vollbrachte die englische Erstaufführung des 5. Klavierkonzerts von Beethoven, führte eigene Werke auf und fuhr mit Klingemann im Juli nach Schottland und auf die Hebriden. Hier wirkte die Landschaft bis in die Konzeption musikalischer Ideen hinein.

Die große Italienreise begann im Mai 1830 mit einem letzten Besuch bei Goethe in Weimar. In Rom verschaffte er sich über den Bibliothekar Santini Zugang zu altitalienischen Notenhandschriften und lernte Berlioz als Stipendiaten des Rom-Preises kennen. Im Sommer 1830 ging es über die Schweiz und München direkt nach Paris, alte Kontakte wurden aufgefrischt und neue geknüpft, u.a. mit Chopin. Im Frühjahr 1832 war er wieder in London. Alle Reisen waren mit Konzerten, den Aufführungen eigener fertiger und dem Komponieren neuer Werke verbunden. Erst nach zwei Jahren kehrte Mendelssohn gesättigt von Erfahrungen und erfüllt von Plänen nach Berlin zurück und fühlte sich hier in eine ältliche Welt zurückversetzt.

Neben seinen zum Teil längeren Gastspielen in England kehrte er besonders nach Interlaken in der Schweiz immer wieder zurück; dieser Ort war auch seine letzte Zuflucht in der großen Lebenskrise des Sommers 1847, in der die Krankheit, die schließlich sein Gehirn ergriff, bis zum Tode führte. Hier komponierte er noch sein letztes Streichquartett f-Moll (das als ein klingender Nekrolog auf Fanny verstanden werden kann), seine letzten Lieder, Teile der Oper *Die Lorelei* und Teile des Oratoriums *Christus*.

Das viele Reisen verursachte das Schreiben von Briefen, um die Abwesenheit von den geliebten Menschen zu überbrücken und die Äußerung der eigenen Ansichten an die Adresse der ihm wichtigen Menschen nicht zu unterbrechen. Mendelssohn entwickelte daraus eine literarische Form der Mitteilung, poetisch, witzig und pointiert. Die Musik spielte in diesen Briefen, die ausschweifend waren, sich an die Familie und die besten Freunde richteten, eine unterschiedlich große Rolle. Es gab auch Briefe der intensiven Reflexion über musikalische Dinge, beispielsweise wenn es darum ging, mit Librettisten sein Konzept der Oper zu erörtern (die Korrespondenz mit Voigts über *Die Hochzeit des Camacho* oder die mit Geibel über *Die Lorelei*) oder seine Grundhaltung zur Musik zu erläutern, z.B. warum er es für unmöglich hielt, sie zu erläutern. Wir verfügen über 5855 Briefe von Mendelssohn, die erst in seinen späteren Lebensjahren kürzer und geschäftsmäßiger werden; die an seine Braut Cécile hat sie nach seinem Tod vernichtet, die an seinen mit ihm zerstrittenen Freund Marx hat dieser vernichtet, die Briefe an seinen lebenslangen

Freund Ferdinand Hiller hat erst der letzte große Krieg zerstört.

Auch gezeichnet und aquarelliert hat Mendelssohn sein Leben lang, gelernt hatte er es beim Maler Rösel, und er entwickelte eine immer größere Perfektion in maltechnischem Sinne, auch durch seine freundschaftlichen Beziehungen mit dem Schwager, dem Mann seiner Schwester Fanny, dem Maler Wilhelm Hensel, zuvor während der Monate in Rom und Neapel mit Eduard Bendemann, Theodor Hildebrandt und Karl Sohn sowie später mit Wilhelm Schadow in Düsseldorf. Die intensivste Gesprächsphase über Malerei dürfte er in Düsseldorf gehabt haben. Für ihn waren seine Zeichnungen selbst gefertigte Erinnerungsstücke an die optischen Eindrücke auf Reisen, zum Wiederaufrufen des Erlebten. Wir besitzen 14 Alben, in welchen er ausschließlich zeichnete, mit 460 Bildern.

Mendelssohn und das Judentum

Man könnte Mendelssohns Stellung zum Judentum unter das Motto stellen: Über den Umweg des Christentums zurück zum mosaischen Glauben der Großeltern, allerdings nicht im Sinne eines ausschließlichen Bekenntnisses, sondern einer respektvollen Zuneigung. Der Person und dem schriftstellerischen Werk Moses Mendelssohns, seines Großvaters väterlicherseits, des großen Vertreters der jüdischen und der deutschen Aufklärung, stand sein Enkel weniger fern als meist angenommen wird: Felix Mendelssohn vermittelte und beförderte eine erste große Ausgabe von dessen Werken, die dann auch bei Brockhaus in Leipzig, herausgegeben von dem für diese Aufgabe gewonnenen Onkel Joseph Mendelssohn, der dem Judentum seiner Eltern treu geblieben war, erscheinen konnte.

Vor allem aber müsste man sagen: Zurück zum mosaischen Glauben der Großmütter und Großtanten, denn aus jüdischer Sicht war Felix Mendelssohn ein »Judensohn« allein weil er eine jüdische Mutter hatte. Nach der jüdischen Gesetzgebung, der Halacha, war Lea Mendelssohn, geb. Salomon, einzig dafür entscheidend, dass ihre vier Kinder aus der Ehe mit Abraham Mendelssohn jüdisch waren. Eine deutsch-christliche Darlegung der Frage nach Felix Mendelssohns Stellung zum Judentum erkennt man stets noch daran, dass sie ganz patriarchalisch einzig die väterliche Linie über Abraham und Moses Mendelssohn erörtert. Es dürfte aber auch faktisch so gewesen sein, dass Berührungen des Kindes und Jugendlichen Felix mit der jüdischen Religion, jüdischen Riten und Lebensformen nur über die Familie der Mutter, über die Tanten und Großtanten mütterlicherseits, aus der Großfamilie der Itzigs und Salomons hätten stattfinden können, obwohl auch dort (wie das Beispiel von Leas Bruder Jacob, dem getauften Juden, der sich nach dem Vorbesitzer der Meierei im Süden Berlins, in der die Salomons oft gelebt hatten, den Namen Bartholdy gab) die Abwendung vom Judentum als Religion bereits im Gange war. Ähnliches ist aber von den Frauen der Familie Itzig nicht bekannt, im Gegenteil: Bella Salomon reagierte hart auf den Austritt ihres Sohnes Jacob, der bekanntlich auch die Familie, in die seine Schwester Lea eingeheiratet hatte, in seinem Sinne zu beeinflussen suchte. Auch Lea hatte bereits zu bestimmten, von ihr als barbarisch empfundenen Traditionen des Judentums (wie der männlichen Beschneidung) eine ablehnende Einstellung erworben und geriet durch ihre Einheirat in die Familie Mendelssohn weiter in diese Tendenz, wie Briefzitate an ihre Wiener Cousine Henriette v. Pereira-Arnstein aus späteren Jahren belegen. Trotz der aus diesen Gegensätzen entstehenden Konflikte wohnten die Mendelssohns bis zu deren Tod mit Bella Salomon in einer Wohnung. Margarete Susman hat in einem Porträt von Abrahams Schwester Dorothea (verheiratete Schlegel) in ihrem Buch *Frauen der Romantik* (1931) versucht zu ergründen, warum gerade in dieser Familie in der Generation nach Moses und Fromet, weder das orthodoxe noch ein aufgeklärt-liberales Judentum eine Chance hatte.

»Schon allein durch diesen (von Moses betriebenen) Anschluss (an das Bildungsleben der Zeit, an klargewaschene Menschlichkeit und den Gebrauch der persönlichen Vernunft) konnte das überlieferte Judentum all diesen innerlich lebendigen Naturen, die sich intensiv mit der gewaltig aufblühenden deutschen Kultur durchdrangen, auf die Dauer nicht gemäß bleiben. So erscheint es von allen Seiten her als begreiflich, ja als logisch notwendig, dass unter den Enkeln Moses Mendelssohns kein Jude mehr war.«

Folgte man der Definition des jüdischen Religionsphilosophen Franz Rosenzweig, so war Felix Mendelssohn zwar Jude von Geburt wegen seiner jüdischen Mutter, aber all jene religiösen Kriterien des Judentums, welche einem Mann, wie Rosenzweig in einem Brief an seine Eltern im Jahr 1909 schrieb, »anbeschnitten, angegessen, angebarmizwet sein« müssten, fehlten ihm.

Abraham Mendelssohn, der in der von ihm gegründeten Familie die religiösen Entscheidungen im vollem Einverständnis mit seiner Frau Lea traf, war Agnostiker, folgte nicht dem aufgeklärten Judentum seines Vaters Moses, sondern flüchtete sich zunächst in die Irreligiosität, ließ seine Söhne Felix und Paul nicht beschneiden, ging mit seinen Kindern nicht in die

Synagoge, hielt den Sabbat nicht ein, ließ nicht koscher kochen und erfüllte auch sonst keine der häuslichen Zeremonien eines frommen jüdischen Familienlebens nach den Ritualgesetzen. Er verfolgte eine profane Humanitätsidee, fand aber, dass das herrschende, gesellschaftlich einzig sanktionierte Christentum sowie ein ideelles und formelles Bekenntnis zu ihm, der Verwirklichung dieser Idee in seinem und im künftigen Leben seiner Kinder nicht im Wege stünde. Insofern waren seine unbeschnittenen Söhne und seine Töchter keine vorher koscher bekochten Konvertiten, sondern sie erlebten erst nach ihrer christlichen Taufe erstmals eine religiöse Erziehung und diese auch nicht häuslich, sondern im Konfirmationsunterricht. Trotzdem taucht bis in jüngste Verlautbarungen hinein das Phantom von Felix Mendelssohn Bartholdy als »konvertiertem Juden« auf. Die christliche Unterrichtung erfolgte auch nicht pauschal im Geist des »Protestantismus«, sondern speziell und nicht zufällig im evangelisch-reformierten Bekenntnis, jener damals noch nicht unierten christlichen Richtung. In dieser hatte das Alte Testament eine besonders hervorgehobene Stellung und in ihr waren nur die in den Evangelien überlieferten Worte Jesu als Glaubensinhalte anerkannt, was für den Charakter von Mendelssohns geistlicher Musik nicht ohne Folgen bleiben sollte.

Zelter schrieb in einem Brief vom 21. bis 31. Oktober 1821 an Goethe: »Er [Felix] ist zwar ein Judensohn aber kein Jude.« Auch und gerade, wenn man unterstellt, das behauptete Nicht-Judesein von Felix bezöge sich bei Zelter (wie bei allen Christen und orthodoxen Juden) allein auf den religiösen Ritus (denn er spricht in unmittelbarem Anschluss davon, dass der Vater »mit bedeutender Aufopferung seine Söhne« habe nicht beschneiden lassen), so ist dieser Satz sachlich nicht ganz richtig und würde eher auf das Verhältnis zwischen Vater Moses und Sohn Abraham Mendelsohn zutreffen. Aus der Sicht von Felixens Vater, der schon kein Jude im religiösen Sinn mehr sein wollte und als säkularer Jude (der er seiner inneren Überzeugung nach war) zuerst seine Kinder und dann sich und seine Frau taufen ließ, war dies wohl ein rein pragmatischer Akt der gesellschaftlichen Rücksicht und Anpassung, um dem damaligen Druck der christlich-deutschen Mehrheitsgesellschaft gegen ungetaufte Juden nachzugeben.

Darauf, ein »Judenjunge« zu sein, war Felix Mendelssohn auch schon auf unangenehme Weise durch einen Zwischenfall während des Berliner Judenpogroms im Jahr 1819 hingewiesen worden. Ein königlicher Prinz spuckte auf offener Straße vor dem 10-jährigen Felix aus und rief dazu: »Hep, hep, Judenjung!« Varnhagen von Ense, der diese Geschichte in seinen *Denkwürdig-*

keiten erzählt, fügte weitsichtig hinzu: »Aber der rohe Übermut bedachte nicht, dass im Frevel kein Maß ist, dass aus Hohn und Schimpf auch Raub und Mord entstehen«.

Fast wie eine späte Replik auf diesen Zwischenfall wirkt die Erzählung davon, dass der 20-jährige Felix zu seinem Freund Devrient einmal übermütig darüber gespottet haben soll, dass es ausgerechnet ein Judenjunge sein muss, der den Berliner Christen die Passionsmusik eines Bach zurückbringt.

Oft wird behauptet, die Anfeindungen, denen Mendelssohn schon zu Lebzeiten ausgesetzt war, seien antisemitisch gewesen. Es scheint angebracht, daran zu erinnern, dass der seinem Ursprung nach rassistische Antisemitismus in Deutschland eine aus der Rassenlehre Gobineaus und Wilhelm Marrs erst am Ende der 1870er Jahre entstandene Ideologie ist, die selbst wiederum eine Steigerung der in Deutschland lange und weit verbreiteten, christlich oder profankulturell motivierten Judenfeindschaft zur Folge hatte. Judenfeindlich eingestellte Zeitgenossen Mendelssohns sollte man schon deswegen nicht als antisemitisch bezeichnen, weil es die Rassenlehre von den Semiten (zu denen übrigens die Angehörigen sämtlicher vorderorientalischer Völker, inklusive der Araber, gehören), auf welcher der spätere Antisemitismus beruht, noch gar nicht gab. Sich mit der nicht-rassischen, sondern christlich und kulturell motivierten Judenfeindschaft in der deutschen Gesellschaft früherer Jahrhunderte zu beschäftigen, wäre auch in Zusammenhang mit Mendelssohn viel aufschlussreicher als alle historischen Formen der Judenfeindschaft über den Kamm des Antisemitismus zu scheren.

Zelters Briefstelle über Felix Mendelssohn, der »zwar ein Judensohn, aber kein Jude« sei, ist so berühmt wie mehrdeutig, denn sie geht noch weiter und benennt Felix als den Judensohn, aus dem »wirklich einmal ein Künstler« werden könnte, was »eppes Rohres« (etwas Rares) sei, wie er mit leicht judenfeindlichem Unterton prophezeit. Diese stets als Nachweis für eine »antisemitische« Einstellung mindestens Zelters, wenn nicht auch Goethes herangezogene Briefstelle könnte anders verstanden auch nur ein berechtigter, das Schicksal der Judensöhne bedauernder Hinweis Zelters auf die historische Tatsache sein, dass ihnen der Weg, Künstler zu werden, von der deutsch-christlichen Umwelt erschwert oder verwehrt wurde, wodurch es wirklich zu etwas Rarem würde, wenn ein Judensohn dies dennoch erreichen könnte, was Zelter aber wohl durchaus begrüßt hätte.

Das damals noch seltene Phänomen eines erfolgreichen Berufsmusikers und Komponisten jüdischer Herkunft führte letztlich dazu, dass Mendelssohn sich in seiner geistlichen Musik mit Vorliebe der Vertonung von

Psalmen widmete, jenen Klage- und Lobgesängen der althebräischen, in die Bibel aufgenommenen religiösen Lyrik oder Weisheitspoesie. Er hat insgesamt einen Korpus von 18 Psalmvertonungen hinterlassen, zum Teil in lateinischen oder in verschiedenen deutschen (darunter Luther und Lobwasser) und englischen Übersetzungen. Leider sind die Psalmvertonungen, über die Mendelssohn mit der Hamburger jüdischen Gemeinde verhandelte und die er wunschgemäß nach der Übersetzung seines Großvaters anfertigen wollte, wenn sie überhaupt realisiert wurden, nicht erhalten geblieben. Man darf aber sagen, dass Mendelssohns Psalmvertonungen und vor allem auch seine sinfonische Kantate nach Worten der Heiligen Schrift »Lobgesang«, eine »Art kleineres Oratorium, oder grösserer Psalm« wie Mendelssohn an seinen Freund Klingemann schrieb, komponiert zum 400. Jahrestag der Erfindung des Buchdrucks, durchaus mögliche Musiken in einer Synagoge wären.

Umstritten ist die Frage, ob es in Mendelssohns geistlicher Musik Anklänge an altjüdische liturgische Musik gibt. Eric Werner, ein jüdischer Musikhistoriker, der aus Deutschland vertrieben wurde und Spuren jüdischer Musik bei Mendelssohn entdeckt und betont hat, befürwortet das, besonders bezogen auf das Oratorium Elias. Andere Autoren wollen auch in Mendelssohns Sommernachtstraum-Musik Klezmer-Anklänge hören.

Wagner hatte es bei seinen Adepten mit seinen noch in 2. erweiterter Auflage erschienenen Hetzschrift »Das Judentum in der Musik« (1850/1868) und in »Über das Dirigieren« von 1869 geäußerten infamen Dummheiten über Mendelssohn ziemlich weit gebracht. Müßig darüber zu spekulieren, wie Mendelssohn auf Wagners Kampfschrift von 1850 gegen einen vermeintlichen musikalischen Klassizismus (den des Leipziger Musikerklüngels mit Mendelssohn an der Spitze), den er mit »Judentum in der Musik« als einem unproduktiven Epigonentum gleichsetzte, reagiert hätte, wenn er länger gelebt, und Wagner es überhaupt gewagt hätte, sie zu publizieren, solange jener lebte. Ein Beispiel aus dem Jahr 1846 legt die Vermutung nahe, dass er es unterlassen hätte, darauf zu reagieren und auch seinen Freunden empfohlen hätte, es nicht zu tun. Nach der von Mendelssohn dirigierten Uraufführung von Schumanns 2. Sinfonie gab es in einer Rezension dieses Konzerts einen gegen Mendelssohn als Juden gerichteten Ausfall derart, dass man einem Juden nicht zutrauen könne, solche echt deutsche Musik wie die Schumanns authentisch nachzuempfinden und aufzuführen. Schumann meinte – angestachelt von dem Verleger Härtel –, Mendelssohn öffentlich gegen diese Diffamierung in Schutz nehmen zu müssen und dadurch das zwischen beiden vereinbarte Schweigen gegenüber unflätigen

Angriffen einer judenfeindlichen Musikjournaille brechen zu müssen. Die von Schumann angerührte »häßliche Geschichte« nahm ihm Mendelssohn dann doch vorübergehend recht übel.

Kompositionen

Werkgeschichte und Kompositionsweisen

Allein schon das dieser Miniatur beigegebene chronologische Auswahl-Werkverzeichnis fördert einige erstaunliche Tatsachen zutage. Erstens überrascht die Gattungsvielfalt, gerade auch in ihrer Mischung während der Zeitläufte, zweitens kann man erstaunt registrieren, wie viele der für reif und bedeutend gehaltenen Werke Mendelssohns er bereits in seiner Jugend komponierte. Mendelssohn ist ein Komponist, bei dem es sich (wie bei Mozart) empfiehlt, sein Frühwerk aus der Kindheit und Jugend mindestens ebenso ernst zu nehmen, wie spätere Schöpfungen. In ihm ist nämlich (von Urteilen der Mit- und Nachwelt unabhängig) der ursprüngliche Elan, der Erfindungsreichtum und die Nachdenklichkeit des jungen Musikers Mendelssohn aufbewahrt und hörbar. Besonders beachtenswert sind hier die Stücke voll

Melancholie und Traurigkeit, die man dem angeblich unbeschwert glücklichen Knaben und Jüngling gar nicht zutrauen würde. Felixens erste Komposition überhaupt war eine Sonate für zwei Klaviere (Herbst 1819), hier kann man sich gut Felix und Fanny im spontan improvisierten Zusammenspiel in einem häuslichen Raum auf der Neuen Promenade als Auslöser dieser Gattung vorstellen, wie es früher auch Wolfgang und Marianne Mozarts Zusammenspiel in London an einem Clavier zu vier Händen war, das die erste vierhändige Sonate der Musikgeschichte verursachte.

Es gibt heutzutage weiterhin einen hohen Anteil ungedruckter Werke Mendelssohns. Immerhin sind die erst in den 1960er Jahren »entdeckten« (d.h. gebührend beachteten) Streichersinfonien, Teile der Jugendopern, der Kammermusik, der Lieder und geistlichen Gesänge inzwischen gedruckt und aufgeführt worden. Die Ursache für fehlende Kenntnisse von Mendelssohns Werk ist der Umstand, dass es seit dem 19. Jahrhundert weit verstreut, ungedruckt und größtenteils ungespielt blieb.

Mendelssohn war als Komponist weder »Klassizist« (also jemand der einer Normerfüllung mustergültiger Formen nacheiferte) noch »Romantiker« im Sinne eines unkontrolliert seinen Eingebungen folgenden Schwärmers. Solche Kategorien entstammen einer in

Schubladen-Denken befangenen Musikwissenschaft und entpuppen sich bei näheren Nachfragen resp. genauerem Hinhören auf Mendelssohns Musik als leere Worthülsen. Aber musikalische Kritik ist keine Buchhaltung. Und so könnte man beim Hören und Lesen der Musik Mendelssohns lernen, wie fragwürdig die Kriterien solcher Musikanalysen sind. Denn man findet bei Mendelssohn durchweg, und zwar – wie bei Mozart – von Kindesbeinen an, Versuche, die überlieferten Formengerüste, z.B. das eines deutschen oder Wiener Sonatensatzes von innen her aufzubrechen, zu erweitern, zu verknappen, d.h. andressierte Hörerwartung nach Mustern, Schablonen oder Modellen zu unterlaufen. Mendelssohns Musik ist so voll von Ausnahmen und Abweichungen von vermeintlichen Regeln, dass es einfach kruder Unsinn ist, ihn einer glatten Formerfüllung zu zeihen, nur weil es ihm gelingt, in sich stimmige, trotz aller Ausweichungen, Verkleidungen und Umwege einheitliche Formen zu bilden. Auf die angebliche Erschöpfung der überlieferten, stets als klassisch bezeichneten Formmodelle antwortete Mendelssohn nicht dogmatisch mit einem Glauben an Musik als Trägerin von außermusikalischen Inhalten. Damit wollten andere einem für unvermeidlich gehaltenen Formalismus entgehen: Musik als »Tondichtung« wie bei Liszt oder als metaphysisch aufgeladenes Drama wie bei Wagner.

Mendelssohn versuchte eher, mit strukturellen Metamorphosen die prinzipiell unendliche formale und ausdrucksmäßige Vielfalt zu bereichern.

Je nach dem, worum es ihm in einer Komposition ging, konnte sich Mendelssohn in Tonmalereien ergehen und dann wieder darauf pochen, dass Musik (auch) einen autonomen Charakter haben könne. Vor allem in der wortgebundenen Vokalmusik (in seinen Liedern, geistlichen und weltlichen Chorwerken, Schauspielmusiken und Opern) ging es ihm darum, die im Text enthaltenen Stoffe (Dinge der Natur, Stimmungen, Situationen und Handlungen) in Musik zu transformieren, ganz unabhängig davon, in welcher persönlichen Seelenlage er sich gerade befand. Hier musste allerdings der Text selbst ihn zu musikalischen Gedanken inspirieren. Hierin zeigt sich ein hochgradiges künstlerisches Ingenium, dem es gelingt, unabhängig von subjektiven Befindlichkeiten, sich in verschiedene thematische Sphären zu versetzen, sich von ihnen anrühren zu lassen und in ihnen und für sie den passenden musikalischen Ausdruck zu finden. Auch Teile seiner Instrumentalmusik, besonders seine Konzertouvertüren, haben diesen musikpoetischen Hintergrund. Andererseits aber konnte Mendelssohn ebenso gut intime Mitteilungen machen, d.h. in Tönen denken und fühlen, vor allem in dem Gebiet der Kammermusik, wenn es ihm darum ging, so zu komponieren, wie es ihm »ums Herz war«. Beispiele dafür findet man in den von ihm entwickelten fantastischen Formen der *Lieder ohne Worte* und anderer Charakterstücke, besonders aber auch in seinen Streichquartetten und noch mehr -quintetten (mit einer zweiten Bratsche). Biografisch belegbare Beispiele dafür finden sich z.B. in dem nachkomponierten und nachträglich implantierten Adagio als Trauergesang auf den frühen Tod seines Geiger-Freundes Eduard Rietz für sein erstes Streichquartett a-Moll (op. 13) oder in seinem letzten Streichquartett f-Moll (1847) als verzweifelten Nekrolog auf seine Schwester Fanny.

Für Mendelssohn hatte die Musik für sich zu sprechen und sie konnte dies in seinen Ohren auch eindeutiger und bestimmter als über den Umweg mehrdeutiger und missverständlicher Worte. Dass gegenwärtige Musik immer in einem lebendigen Austausch zwischen Vergangenheit und Zukunft steht, zwischen einem Anknüpfen an tradierte Techniken und zugleich einem Sich-Öffnen für Neuerungen, war ihm eh eine Selbstverständlichkeit und konnte für ihn nur im Rahmen eines demokratisch und liberal organisierten Konzertlebens und nur durch reale Hörerfahrungen des Publikums realisiert werden und nicht durch sektiererische und avantgardistische Propaganda.

Werke nach Gattungen

Vokalmusik

Geistliche Chormusik, große und kleine Formen

Mendelssohn erfuhr nach seiner christlichen Taufe seine allererste religiöse Erziehung. Mendelssohns Konfirmation speziell im reformierten Bekenntnis war nicht ganz einflusslos auf seine spätere Haltung in der Kirchenmusik: Dem Alten Testament war eine besondere Stellung eingeräumt und als Glaubensinhalte des Neuen Testaments galten nicht einmal die gesamten Evangelien, sondern nur die in ihnen überlieferten Jesu-Worte. Hieraus ist gut erklärbar, warum Mendelssohn in der Lage war, für so gut wie alle Konfessionen (für die verschiedenen protestantischen, darunter die lutherische, die französisch-reformierte, die anglikanische, sowie für die katholische) Kirchenmusik anzufertigen. Er konnte sich wegen seiner undogmatischen und toleranten, fast neutral zu nennenden Haltung in Glaubensfragen den jeweiligen liturgischen Riten anpassen, ohne den Kern seiner Frömmigkeit aufzugeben.

Schon anhand einer der frühen von Mendelssohn veröffentlichten Kirchenmusiken, zweier Neuvertonungen von Luther-Chorälen mit einer katholischen Marien-Anrufung in ihrer Mitte mit dem Titel *Kirchen-*

Musik von 1832 (op. 23) ist ersichtlich, wie den jeweiligen kirchenmusikalischen Traditionen entsprechend Mendelssohn operierte und wie es ihm gelang, diese Traditionen kompositionstechnisch zu verknüpfen und damit ihre historische Relativität zu demonstrieren. Lange davor schon hatte der 13-jährige Mendelssohn ein lateinisches *Gloria* und ein *Magnificat* in großer Besetzung für Soli, gemischten Chor und Orchester und im Jahr 1825 ein *Kyrie* für Chor und Orchester gesetzt und sich damit bereits Zelters Aufsicht entzogen. Noch in Berlin (im Februar 1833) und ohne einen Auftrag aus dem katholischen Düsseldorf hatte er aus der altkirchlichen Vesperliturgie ein Responsorium, kombiniert mit einem Hymnus nach dem Text des Mailänder Bischofs Ambrosius (7. Jahrhundert) komponiert: Einen Vespergesang für den 21. Sonntag nach Trinitatis für vierstimmigen Männerchor und Basso continuo, der nach Meinung von Fanny Hensel »rein gesungen, wunderschön und ruhig abschließen (muss)«. Die Melodie zu dem Hymnus hatte Mendelssohn wahrscheinlich der Musik in einer römischen Kirche abgelauscht und imitiert, wie auch manch andere Melodie für seine Italienische Sinfonie.

Neben den schon erwähnten 18 Psalmvertonungen, die für jeden Christen eine Brücke zum mosaischen Bekenntnis schlagen, gibt es eine Vielzahl sehr unterschiedlich besetzter Kirchenmusiken für den Gottesdienst oder andere liturgische Anlässe, wie Morgen- und Abendgesänge. Ein besonderes Kapitel stellen die während seiner Berliner Interimszeit Anfang der vierziger Jahre auf Befehl des preußischen Königs Friedrich Wilhelm IV. komponierten A-cappella-Gesänge für den Königlichen Domchor (der ein Knaben-Männer-Chor war) dar. Mendelssohn pflegte eine unbefangene Behandlung rhythmischer Fragen in seinen Berliner Psalmvertonungen, denn er deklamierte den Text rhythmisch frei und sprachlich akzentuiert, vorwiegend metrisch gleich in allen Stimmen. Der 2. Psalm enthält, angesichts der Gewalt irdischer Mächte (auch jener der Könige und irdischen Richter) die Verkündigung eines Messias, das Versprechen Gottes, dass er einen Sohn zeugen, einen Gesalbten aussenden wird, um die Ungläubigen und Gesetzlosen zu züchtigen und zu belehren. Er passt liturgisch in die Advents- und Weihnachtszeit des christlichen Kirchenjahres und wurde auch entsprechend am 1. Weihnachtsfeiertag 1843, nach der neuen, von Mendelssohn mitberatenen preußischen Liturgieordnung als Introitus des Festgottesdienstes im Berliner Dom vom Königlichen Domchor erstmals gesungen. Weitere in dieser Periode vertonte Psalmen sind eher Buß- und Klage-Psalmen, wie die Nummern 43 (»Richte mich Gott«) und 22 (»Mein Gott, warum hast Du mich verlassen«).

Drei sinfonische Kantaten: Dürer-Festmusik, Die erste Walpurgisnacht, Lobgesang

Seit der Dürer-Festmusik von 1828, die schon großformatig angelegt war und eine ätherische, himmlischschöne Tenor-Arie enthält, hatte Schwester Fanny die oratorischen Bemühungen ihres Bruders eher skeptisch betrachtet. Aber schon bei der folgenden Vertonung von Goethes Ballade *Die erste Walpurgisnacht* hatte Mendelssohn selbst prägende Erfahrungen mit den Grenzen der Musik gemacht. Sein Versuch, am Schluss des Werks einen wie auch immer gearteten heidnischen All-Vater ins Endspiel der Klänge zu bringen, wird von einer Grundton-Starre ereilt und endet in einem pompösen kompositorischen Fiasko. Seine sinfonische, hymnisch ausufernde Kantate *Lobgesang* wurde wegen ihrer Introduktion, eines längeren reininstrumentalen ersten Satzes, von der Nachwelt unsinnigerweise als Sinfonie Nr. 2 betitelt. Man wollte damit suggerieren, Mendelssohn habe sich an Beethovens Sinfonie Nr. 9 und deren Zuhilfenahme des Gesangs anschließen wollen. In Wirklichkeit stellt sie zwar, auch von der Textkompilation her, ein schwieriges Zwitterwesen dar, sie ist aber keine ins Gesangliche ausschweifende Sinfonie, sondern eine um eine Sinfonia (im Sinne von Vorspiel) erweiterte Kantate für Soli, Chor und Orchester.

Drei Oratorien: Paulus, Elias, Christus

Sein erstes großes Oratorium *Paulus* sollte später das erste Stück einer von Mendelssohn angestrebten theologisch-musikalischen Trilogie werden. In der oratorischen Produktion Mendelssohns ging die Vertonung des neutestamentlichen Stoffes über den siegreichen Apostel Paulus dem *Elias* als alttestamentlichem Bekenntniswerk zum Propheten Eliah voran, dem ein weiteres geplantes Oratorium folgen sollte, das als gesamtbiblische Synthese gedacht war und *Erde, Hölle und Himmel* (oder auch *Christus*) heißen sollte, von dem Mendelssohn aber in den letzten Monaten seines Lebens nur einzelne Szenen um die Geburt und das Martyrium des Jesus von Nazareth fertigstellen konnte. Lediglich *Paulus* geht in der sakralmusikalischen Produktion Mendelssohns mit christlichen aber außerliturgischen Inhalten über den Rahmen der Evangelien hinaus und schließt sich einem historischen Christentum und seiner Kirche an.

Im *Elias* schwebte Mendelssohn nicht mehr eine erzählende und musikalisch kommentierende Version vor, sondern eine dramatische, der Oper angenäherte, in der die Protagonisten als handelnde Figuren und der Chor als Volksmasse nur noch in direkter Rede auftreten, ohne einen vermittelnden Erzähler. Tendenzen zu einer solchen Konzeption hatte er bereits in den Oratorien Händels entdeckt. Das Oratorium wurde nicht in Deutschland uraufgeführt, sondern mit triumphalem Erfolg im August 1846 in einer englischen Übersetzung in Birmingham; weitere kraftzehrende Aufführungen einer revidierten Fassung unter Mendelssohns Leitung folgten in London während seiner letzten England-Reise im Frühjahr 1847. Die deutschen Erstaufführungen des *Elias* im Herbst 1847 in Hamburg, Wien und Berlin konnte Mendelssohn schon nicht mehr leiten.

Dieses Werk nach einer Geschichtserzählung der hebräischen Bibel suchte Mendelssohn konsequent von allen christlichen Überhöhungen und Assoziationen frei zu halten. Jenen prophetischen Protagonisten zu finden, der Mendelssohns religiösen Ambitionen am nahesten kam, war ein längerer Prozess. Er hielt über ganze zehn Jahre nach der Aufführung des *Paulus* an. Es ging Mendelssohn allen Ernstes darum, mit dem Propheten Eliah eine Figur zu propagieren, die auch für die damalige Gegenwart, also im deutschen Vormärz, in Zeiten eines von ihm empfundenen sittlichen Verfalls (und zwar sowohl auf Seiten des Adels als auch des Volkes), als glaubensstarkes Vorbild dienen könne. Wert legte Mendelssohn auf die besondere Gottesnähe dieses Propheten, war er doch nach der biblischen Überlieferung der einzige Prophet vor dem Gottessohn Jesus, den Gott direkt zu sich auffahren ließ. Über das Libretto, an dem sich der christliche Theologe Schubring, Klingemann und Mendelssohn beteiligten, muss man leider sagen: Viele Köche verderben den Brei. Wir haben hier eine Textsammlung für Rezitative, Arien und Chöre vor uns, die aus verschiedenen Büchern der hebräischen Bibel zusammengeklaubt ist und ein ziemlich heterogenes Sammelsurium darstellt; denn es werden sehr viel mehr Textstellen herbeigezogen als nur aus dem 1. Buch der Könige, in dem die eigentliche Eliah-Geschichte steht.

Die Rolle der Engel und das göttliche Zeichen der Verklärung (Himmelfahrt) eines gottesfürchtigen und gottgetreuen Menschen auf dem Berg Horeb hatten Mendelssohn besonders fasziniert. Er folgt hier dem althebräischen Verbot, sich ein Bildnis von Gott zu machen und überträgt es auf die Musik als eine Art Klangverbot. Das »Vorübergehen« Gottes auf der Spitze des Berges, nach der Bitte des Propheten Eliah, ihm Sein Antlitz nicht zu verbergen, wird hier musikalisch nur äußerst indirekt imitiert; klanglich vergegenwärtigt werden nur Sturmwind, Erdbeben und Feuer, in denen Gott nicht war; das Säuseln, in dem er sich nahte, wird vom Chor ohne Gesäusel schlicht und ergreifend, gleichrhythmisch in allen Stimmen, Note gegen Note erzählt, Trillerfiguren einzelner unterlegter Orchesterinstrumente machen geringfügige sphärische Andeutungen. Auch vorher wird die Stimme

Gottes mit ihren Geboten in einer Sopran-Arie nur zitiert, aber nicht musikalisch verkörpert.

Der religiöse Wettbewerb in der Anrufung eines Gottes auf dem Berg Carmel und der brutale Sieg der an Mose gemahnenden Gestalt über den phönizischen Baal-Kult und seine Priester sind von der Handlung um den Propheten Eliah nicht zu trennen und müssen uns heute eher befremden, gehörten damals aber noch zum Repertoire einer wohl kaum als aufgeklärt zu bezeichnenden biblischen, d.h. jüdisch-christlichen Propaganda. Ebenso wie in den Steinigungsszenen in seinem Oratorium *Paulus* zeigt sich Mendelssohn hier erstaunlich skrupellos in der Darstellung religiös-sittlich motivierter Gewalt. Göttliche Gewalt wird ohne Bedenken auch in ihrer Zerstörungskraft affirmativ besungen, die physische Vernichtung einer fremden Religion und ihrer Anhänger wird hier als ein besonderer Beweis der Verbundenheit des Gottes Israels mit seinem Volk und seines Volkes mit ihm zelebriert.

Klavierlieder mit Worten (Zyklen)

In steter Folge hat Mendelssohn kleine Liederzyklen in Zwölfer- oder Sechser-Folgen zusammengestellt. Den ersten als sein Opus 8 in den Jahren 1826/27 (was nicht heißen soll, dass er nicht vorher auch schon jede Menge Lieder komponiert hätte). In ihm sind auch zwei Lieder seiner Schwester Fanny mit abgedruckt, ohne dass dies vermerkt wäre. Den zweiten als sein Opus 9 im Jahr 1830 (hauptsächlich nach Gedichten seines Freundes Droysen). Besonders beachtenswert ein frühes, vereinzeltes Lied in h-Moll des Zwölfjährigen *Der Verlassene* (»Nacht ist um mich her«) aus dem Jahr 1821 (veröffentlicht 1926). Zwar hat Mendelssohn dieses Lied drei Jahre später dahingehend bearbeitet, die Akkorde durch Hinzufügung von Dissonanzen weiter zu verschärfen, aber die Grundidee eines verzweifelten Trauergesangs bestand von Anfang an. Seinen letzten Zyklus veröffentlichte er in seinem Todesjahr 1847 als sein Opus 71, mit Eichendorffs *Nachtlied* (»Vergangen ist der lichte Tag«), das einem wie ein Abschied an die Mit- und Nachwelt vorkommt und nur noch durch die Vertonung des Lenau-Gedichts *An die Entfernte* (eine von Mendelssohns letzten Kompositionen vom 22. September 1847) überboten wird, weil es wegen seiner äußersten Reduktion der musikalischen Mittel schon in eine andere Sphäre weist.

Im Rahmen dieser Zyklen sind immer wieder Heine-Vertonungen besonders beachtenswert. Ein enormes Beispiel für Dramatik und augenblicklichen Umschwung wie in einer Opernszene gibt das Lied *Neue Liebe* von 1832, nach dem Heine-Gedicht Nr. XVI aus der Folge *Neuer Frühling* vom November 1830. In manchen seiner Lieder mit Worten überwiegt das Musikalische so sehr, dass man von ihnen als von Liedern ohne Worte aber mit Text sprechen könnte. Der Text scheint hier nur wegen seiner Musikalität ausgesucht.

Chorlieder (Zyklen)

Ausgesprochen geselligen Charakter tragen etliche Gelegenheits- und Gebrauchsmusiken Mendelssohns, von denen es öfter im Titel heißt, sie seien »im Freien zu singen«. Hierin zollte Mendelssohn der entstehenden und zur Selbstvergewisserung zur Schau gestellten öffentlichen Bürgerlichkeit in einem biedermeierlichen Sinne seinen Tribut, ohne sich zu verbiegen. Vor allem von den Männergesangvereinen wurden diese liedhaften Chorsätze mit Begeisterung aufgenommen.

Opern (sechs Jugendopern und ein spätes Fragment)

Wie auch die drei nachfolgenden Singspiele und Operetten (*Die beiden Pädagogen*, *Die wandernden Komödianten* und *Der Onkel aus Boston*) entstand schon Mendelssohns erstes Singspiel *Soldatenliebschaft* (1820) in Zusammenarbeit mit dem dilettierenden Textdichter Johann Ludwig Casper (1796–1864), einem mit dem Hause Mendelssohn befreundeten Mediziner. Die Sujets sind durchweg komischer Natur und folgen alle französischen Vorlagen, deren Autoren teilweise unbekannt sind. Bereits Mendelssohns sechs frühe musiktheatralische Versuche aus den Jahren 1820 bis 1829, also jene des 11- bis 20-jährigen Komponisten, zeigen absolute Frühreife auf dem Gebiet der Bühnenmusik, und zwar in literarischer wie in musikalischer Hinsicht. Es kommen noch die bereits besprochene Oper *Die Hochzeit des Camacho* sowie das Liederspiel *Aus der Fremde* von 1829 hinzu. Man darf sich bei Letzterem von dem harmlos wirkenden Gattungstitel »Ein Liederspiel« nicht täuschen lassen. Es sind szenisch verknüpfte idyllisch-melancholische Lieder »im Volkston«, in die (besonders durch die Orchesterbegleitung) erhebliche Ironisierungen und Dramatisierungen eingeflochten sind, die mit raffiniertem kompositorischen Aufwand realisiert wurden. Diese Musik enthält außer Idiomen, die an die *Hebriden*- und die *Meeresstille*-Musik gemahnen, sowie einigen Anklängen an die *Schottische Sinfonie* viele Reminiszenzen an die deutsche Heimat oder evoziert diese als Rückreise-Ziel. Aber das Deutsche wird hier wie selten in der Geschichte der Tonkunst musikalisch ganz ohne Mythisierung und Tümelei wachgerufen und als vermisstes und ersehntes Klangidiom lebendig gemacht. Wenn es ein Deutschtum in der Musik

ohne Misere, ohne Auftrumpfen, ohne Dämonisierung wie bei Carl Maria von Weber und Überspannung und Verkrampfung wie bei Wagner gibt, dann hier.
Bleibt die Frage, warum Mendelsohns anhaltender Wunsch, eine weitere große Oper nach der gescheiterten Cervantes-Oper zu schreiben, nicht in Erfüllung gehen konnte. Seine Konzertarie *Infelice! – Ah, Ritorno* ist ein schwacher Trost, aber immerhin eine Vorahnung seiner musikdramatischen Möglichkeiten. Obwohl auch seine Gegner ihm großzügig zugestanden, dass auch er Opern wie Spohr, Marschner, Lortzing, Hiller und Schumann zustande gebracht hätte (nicht aber ein musikalisches Drama, das den Anfang einer neuen Ära bedeutet hätte, wie Wagner es mit seinem Gesamtkunstwerk der Zukunft erzeugt habe), zögerte Mendelssohn in den 1830er und -40er Jahren damit, eines der vielen ihm angebotenen Libretti zu vertonen, weil sie seinen hohen Ansprüchen an die Oper nicht genügten und ihn nicht »ganz in Feuer setzten«. Zu spät entschied er sich für Emanuel Geibels Textbuch nach der Lorelei-Sage; weniger die auskomponierten Fragmente als seine briefliche Debatte mit dem Librettisten lassen erkennen, dass er auch hier nicht hätte erfolgreich werden können.

*Vier Schauspielmusiken (*Shakespeare, Sophokles, Racine*)*

Über welche bühnenmusikalischen Fähigkeiten, zu denen neben Dramatik auch episches und lyrisches Vermögen gehören, er verfügte, hat Mendelssohn außer in seinen Liedern auch in seinen Schauspielmusiken bewiesen. Nach den Düsseldorfer Bühnenmusiken zu Theaterstücken, zu Calderons *Der standhafte Prinz* (in der Inszenierung von Immermann) und zu Immermanns *Andreas Hofer* und *Kurfürst Johann Wilhelm im Theater* und einer Leipziger Musik zu der ungeliebten Tragödie *Ruy Blas* von Victor Hugo, für deren Aufführung er eine tragisch anmutende Ouvertüre und einen *Chor der Wäscherinnen* komponierte, ermöglichten ihm später Aufträge des preußischen Königs in diesem Genre aktiv zu werden. Dieser hatte nicht nur ein Faible für Shakespeare, sondern auch eine zwischen Spleen und Ideal angesiedelte Neigung für das tragische und heroische Griechentum. Die Liebe zu Shakespeare teilte Mendelssohn, und hier war es ihm ohne Vorbehalte möglich, lebendige Musik zu Szenen aus *Ein Sommernachtstraum* anzufertigen, im Anschluss an und unter Wiederaufnahme seiner bereits vor 17 Jahren komponierten Konzert-Ouvertüre. Shakespeares Stück mit Mendelssohns Musik (und nur so war die Musik damals gedacht, was auch für die folgenden Schauspielmusiken gilt) kam wunschgemäß zunächst im Potsdamer Hoftheater und dann in Berlin öffentlich zur Aufführung – wie auch die noch ohne innere Vorbehalte komponierten Musiken zu den beiden Sophokles-Tragödien *Antigone* und *Ödipus in Kolonos*. Hier erkannte Mendelssohn zwar die historische Distanz und stoffliche Fremdheit, die er und seine Zeitgenossen eigentlich beim Bühnengeschehen empfinden müssten, aber er akzeptierte, dass der preußische Zeitgeist sich die Stoffe zum Zwecke der Staatsräson in christlich gefärbte Märtyrer- und Leidensgeschichten ummodelte. Mendelssohn hat aber weitere Aufträge zu ihn abstoßenden Sujets aus dem Bereich der attischen Tragödie wie den *Eumeniden* des Aischylos strikt abgelehnt. Er vertonte die Chöre in griechischem Vermaß bedenkenlos in modernen Taktarten und brachte es in dieser Technik fortschreitend, auch durch Korrespondenzen und Gespräche mit Altphilologen, zu ausdrucksstarker Perfektion. Was *Ödipus in Kolonos* betrifft, könnte sogar Mendelssohns Musik es sein, die diesem verkannten Stück etwas aufhilft. An seiner auch international erfolgreichen Musik zur *Antigone* gefielen Mendelssohn selbst die »schmerzenden Triller der Flöten« und die »knallenden Chöre«. Wodurch aber hatte er seine Kolonos-Musik liebgewonnen, in der beides nicht vorkommt? Die besondere, von Mendelssohn sorgfältig hergestellte Qualität dieser aus heterogenen Elementen von Chordeklamation und Melodram sowie Resten rezitativischer Formen zusammen gesetzten Musik besteht in ihrer inneren engen musikalischen Verknüpfung durch variierte Wiederholung, Zitat und Ähnlichkeit. Die Musik zu *Ödipus in Kolonos* versucht mit zum Teil extremen Ausdrucksmitteln der wehmütig-klagenden und letztlich versöhnenden Stimmung, die schon dem Sophokleischen Text zugrunde liegt, gerecht zu werden. Von seiner Musik zur biblisch-antiheidnischen *Athalia*-Tragödie des Racine gibt es zwei Fassungen: Eine fast nie erklingende nur der Chöre zu einer Auswahl aus dem französischen Originaltext, nur für Frauenstimmen und Klavier, und eine zu einer anderen Textauswahl von Devrient in deutscher Übersetzung für Soli, Chor und Orchester, die auch – mit erzählenden Zwischentexten versehen – als in sich geschlossenes Oratorium aufgeführt werden kann.

Instrumentalmusik

Orchestermusik mit und ohne Solisten (Konzertouvertüren, Streichersinfonien, vier Sinfonien, Konzerte)

Mit seinen vier stoffgebundenen Konzertouvertüren: nach Shakespeares *Ein Sommernachtstraum* (die er erst später seiner Schauspielmusik voranstellte), über die Landschaft der schottischen Hebriden, nach den beiden Goethe-Gedichten *Meeres Stille* und *Glückliche Fahrt* (die schon Beethoven zu einer Komposition mit Chor zusammenfügte) sowie über das *Märchen von der schönen Melusine* beförderte Mendelssohn die Entwicklung einer neuen und eine Zeitlang beliebten musikalischen Form jenseits der etablierten Formschemata von Sonatensätzen. Die Themen dieser Konzertouvertüren werden zwar eingesetzt und verarbeitet, um den Gang der Handlung oder die Atmosphäre eines poetischen Moments, die Stimmung einer Situation oder einer Naturerscheinung musikalisch abzubilden; die Eigentümlichkeit des musikalischen Stoffs führt aber stets dazu, dass ein auch autonom zu hörendes musikalisches Kunstwerk entsteht, dem vielfältige Assoziationen des Hörers offenstehen.

Wie man es gleich an seiner ersten Ouvertüre *Ein Sommernachtstraum* hören kann, befreite er diese Gattung von einem formalen Korsett und ließ sie frei dem Gang der Handlung der literarischen Vorlage folgen. Nimmt man als weiteres Beispiel die in Düsseldorf vollendete Konzertouvertüre *Das Märchen von der schönen Melusine*, so demonstriert sie Mendelssohns Zweifel an der Fähigkeit der Musik, etwas zu schildern und das Geschilderte auch dem Hörer eindeutig zu vermitteln sowie seine Überlegung, ob es da nicht besser wäre, sich in alle mögliche Instrumentalmusik ohne Titel »einzumummen und zu verkriechen«, wie er an seine Schwester Fanny schrieb. Schumann kam auf den bis heute wirksamen Irrtum, das zweite Thema im ersten Teil würde die Stimme Melusinens repräsentieren. Aber das musikalische Geschehen in dieser Ouvertüre stellt nicht abstrakt und allgemein den Kontrast zwischen der ritterlichen Sphäre und jener der Nixen dar, sondern in ihrem formalen, harmonischen und motivischen Verlauf präsentiert sie einen genauen Abklang der Handlung dieses personenbezogenen Märchens. Demnach könnte erst der im zweiten Teil erstmals aufkommende Gesang der Oboe das Liebeslied der Nixe sein, während der bisher Melusinen zugeschriebene sehnende Gesang der Geigen im ersten Teil das Liebeswerben des aus der Horde vereinzelten edlen Ritters verkörpern würde. Zwei programmlose Ouvertüren gingen den anderen schon früher voran: Eine Ouvertüre des 15-Jährigen (1824), zunächst als Nocturno für die Kurkapelle von Bad

Doberan komponiert, also für eine »Harmoniemusik« von elf Blasinstrumenten, später zweimal bearbeitet, sowohl für großes (Militär-)Blasorchester (1839 als op. 24 veröffentlicht) und für Klavier zu vier Händen. Und eine mehrfach verwendbare C-Dur-Ouvertüre mit markanten Trompetensignalen aus dem Jahr 1826. Bei der durch Beethovens idealistische Ansprüche in die Jahre und in die Krise geratenen Gattung der Instrumental-Sinfonie ist auffällig, dass sich Mendelssohn anhaltend damit beschäftigte, diese Gattung weiterzuführen, zu reformieren und zu erneuern. Nur vier, aber umso gewichtigere solcher Sinfonien hat Mendelssohn geschrieben und dies, obwohl damals Wagner meinte, mit Beethovens neunter sei die letzte aller Sinfonien bereits geschrieben. Mendelssohn war durchaus der Auffassung, mit rein instrumentalen Mitteln weiterhin echte Sinfonien schreiben zu können und zu sollen, ohne das Wort, also ohne Gesang von Soli und/oder Chören zu Hilfe nehmen zu müssen.

Was hat es mit seiner zweiten Sinfonie (in der späteren unsinnigen Zählung die Nr. 5) auf sich, die er ursprünglich, ohne einen Auftrag dazu zu haben (sie war also keine Gelegenheitsarbeit), zum 300. Jubläum des Augsburger Bekenntnisses schrieb und gerne aufgeführt hätte? Mendelssohn hat lange nach einem geeigneten Titel für diese thematisch religiös gebundene Sinfonie gesucht; vielleicht wäre – analog zu dem im gleichen Jahr entstandenen Streichquartett c-Moll von Carl Loewe, einem »Quatuor spirituel« – der Name *Symphonie spirituelle* geeignet gewesen; auch hat Mendelssohn einen Satz aus der sinfonischen Einleitung zu seiner Psalm-Kantate *Lobgesang* mit »religioso« überschrieben. Eine rechtzeitige oder zeitnahe Aufführung der im Mai 1830 fertiggestellten Sinfonie scheiterte am Widerstand der Berliner, Leipziger, Münchner und Pariser Kirchen- und Orchestermusiker. Die Berliner Königliche Jubiläumfeier fand mit von Grell dirigierten Vokalsätzen statt. Mendelssohn hat sie dann nach der schließlich um mehr als zwei Jahre verspäteten, verhalten aufgenommenen Berliner Uraufführung verworfen und wollte sie nie wieder aufgeführt hören noch gedruckt sehen. Die Sinfonie mit dem Beinamen *Reformation*, in welcher die deutsche Reformation im Schlusssatz als der Endpunkt einer langen religiösen Entwicklung gefeiert sein will, wird auch heute noch selten gespielt – nicht etwa weil ihr Komponist selbst an der religiös-programmatischen Ausrichtung seines Werk gezweifelt hätte, sondern weil die Nachwelt sich seinem musikästhetischen Urteil angeschlossen hat, dass die musikalischen Gedanken nur scheinbar bedeutend seien durch das, was sie bedeuten wollten, aber musikalisch an und für sich nicht interessant genug (vgl. den ästhetisch bedeutenden Brief Mendelssohns an

Julius Rietz vom 23. April 1841). Die ersten drei Sätze dieser Sinfonie enthalten aber musikalische Wendungen und Harmonien, die zu dem Interessantesten gehören, was Mendelssohn jemals eingefallen ist, deren religiöse Symbolik auf der Hand liegt und die – wie die ätherische Harmonisierung der Formel des »Dresdner Amen« – Klänge vorwegnehmen, die man für *Tristan*-Musik halten könnte. Problematisch ist lediglich der vierte Satz, der Mendelssohn als Erstes vorschwebte, mit der Verarbeitung von Luthers Hymnus »Ein feste Burg ist unser Gott« und mit seinem affirmativen Schluss.

Wie aussichtslos es letztlich ist, Natureindrücke adäquat musikalisch wiederzugeben, hat Mendelssohn besonders in seiner a-Moll-Sinfonie, der sogenannten *Schottischen*, demonstriert, in deren Partitur er auf 13 Jahre alte Entwürfe, Einflüsterungen während schottischer Reiseerlebnisse, zurückgriff. Schon der melancholische Schleier, der über Mendelssohns *Hebriden*-Ouvertüre liegt, wie auch die in ihr versteckten schmerzlichen Dissonanzen geben Auskunft von einem inneren Vorbehalt, mit dem Mendelssohn in der Musik »malte«. In der a-Moll-Sinfonie hat er den Verdacht, das Landschaft letztlich unvertonbar sei, mit in die Darstellung der Komposition hineingenommen, hat das Scheitern der Musik vor Natur und Geschichte thematisiert, indem er den dramatischen Konflikt, wenn Nachahmungsabsichten in die Krise führen, mitvertonte. Er komponierte an mehreren Stellen die Ermüdung, die Resignation, den Rückzug von der Tonschlacht, insbesondere im Finalsatz Allegro guerriero an markanter Stelle im Übergang zur Reprise.

Außer seinen vier Sinfonien für volles Orchester komponierte Mendelssohn noch in seiner Jugend als Übungen in sinfonischer Technik zwölf Streichersinfonien. Auch sie zeigen die zwischen Frische und Melancholie schwankenden Einfälle des jungen Komponisten, der sich von seinen Vorbildern Emanuel Bach und Rossini emanzipieren will. Die 8. Sinfonia, von der es auch eine Fassung mit Bläsern und Pauken gib, zeigt den Übergang des 13- bis 14-Jährigen zur vollen orchestralen Instrumentierung. In der 9. Sinfonia von 1823 geht er passagenweise mit jeweils zweigeteilten Stimmen zu einem achtstimmigen Satz über, einer Vorstudie zu seinem zwei Jahre später komponierten Streichoktett mit sinfonischem Charakter.

Die Beschränkung auf das Streichorchester war eine Maßregel auch bei den ersten Konzerten mit Soli für jene beiden Instrumente, die Mendelssohn selber spielte und beherrschte: Violine und Klavier. Mit selten energetischer Spannung und Anmut sind jene Konzerte komponiert, die stets noch aus aller Zählung der Werke Mendelssohns herausfallen, denn niemand denkt, wenn von dem Violinkonzert Mendelssohns die Rede ist, an das in d-Moll mit begleitendem Streichorchester des 13-Jährigen, das er seinem Geigerfreund Eduard Rietz gewidmet hatte. Bei den fünf Klavierkonzerten (davon zwei für zwei Klaviere) hat Mendelssohn selbst durch die Nummerierung zweier reifer virtuoser Konzerte dafür gesorgt, dass sein jugendliches in a-Moll mit Streichorchester ungezählt bleibt. Das erstaunliche Doppelkonzert für Violine und Klavier gibt es wiederum in zwei Versionen mit Streichorchester oder vollem Orchester.

Kammermusik (Klavier- und Ensemblemusik)

In den intimen Kompositionen für einzelne Instrumente oder Ensembles hören wir einen als glücklich vorgestellten Menschen kaum noch heraus. Gibt es einen heftigeren Einspruch gegen die Diktatur des Wohlklangs als die Protestgesten bereits in dem frühen a-Moll-Streichquartett des 18-Jährigen (op. 13)? Oder als jene in seinem 2. Streichquintett in B-Dur von 1845? Es scheint, dass bei Mendelssohn in seinen letzten Wochen die Entmutigung, wie sie sich in den spätesten Werken, dem Streichquartett f-Moll und den letzten von ihm publizierten Liedern (op. 71) hemmungslos ausspricht, Oberhand gewonnen hatte, ein Unterton von Sehnen und Hoffen aber dennoch erhalten blieb. Melancholie, Lamentationen, musikalische Gesten und

Verläufe, die an den Schmerz des Lebens gemahnen, gibt es bei Mendelssohn durchweg und zuhauf. An einigen seiner Lieder mit Worten ist es hörbar, in einigen seiner *Lieder ohne Worte* ist das sprachlose sich Aussingen von Betrübnis und Trauer unüberhörbar. Warum sollte auch ein lebensfroh gestimmter Mensch wie Mendelssohn, der Lebensglück auch anderen spenden wollte und konnte, angesichts der menschlichen Lebensbedingungen seiner Zeit permanent glücklich sein? Am ehesten wird ein musikalischer Ernst noch den *Variations sérieuses* für Klavier zugestanden, bei denen schon der Name diese Haltung und Stimmung suggeriert. Allein das Thema dieser Variationen selbst ist Mendelssohn nicht erst in seinen reifen Jahren eingefallen, nachdem Rückschläge und Überanstrengungen ihm die Zumutungen des Lebens spürbar gemacht hatten, sondern es stammt aus seiner Jugend und wurde von ihm schon einmal im *Andante con Variazioni* seiner bedeutenden Bratschensonate c-Moll von 1823/24 (also vom 14-Jährigen) variiert. Diese Sonate wird typischerweise wenn's hoch kommt unter »ferner liefen« erwähnt, auch die späteren Leipziger *Variations sérieuses* (op. 54) von 1841 gelten noch lange nicht als ein unbedingt hörenswertes Klavierwerk Mendelssohns.

Mendelssohns Werkchronologie zeigt, dass er als Kammermusiker anfing, um erst später zu größeren

Formationen überzugehen, ohne sich von den Gattungen für kleinere Ensembles abzuwenden. Im Gegenteil: periodisch und für besonders intime musikalische Äußerungen kommt er immer wieder auf das Klavierstück, das Streichquartett oder die Solosonate zurück. Abgesehen davon, dass fast alle seine Werke von dem Fluidum der Liedhaftigkeit geprägt sind, zeigt speziell die Zwitterform der von ihm kreierten *Lieder ohne Worte* für Klavier, dass es ihm generell um Sanglichkeit, um eine kantable Melodieführung ging. Selbst noch Mendelssohns Präludien und Fugen für Klavier und Orgel tragen diesen Charakter und auch in sein drittes Klaviertrio op. 66 hat sich eine Choral-Imitation eingeschlichen.

Seine Klaviermusik umfasst drei Sonaten, mehrere Variationen-Zyklen, Präludien und Fugen, Charakterstücke und mehrere Sammlungen von *Liedern ohne Worte*. Prägend für die Orgelmusik nach ihm und ein bedeutender Beitrag dazu, dieses Instrument auch im 19. Jahrhundert mit neuer Literatur zu versorgen und dessen technische Weiterentwicklung zu befördern, sind seine sechs Orgelsonaten, in denen natürlich auch Kirchenlieder eine große Rolle spielen.

An Ensemblemusik mit Klavier hat er drei Trios, vier Quartette und ein Klaviersextett in D-Dur (ein frühes Werk aus dem Jahr 1824) mit der äußerst seltenen wie klangvollen Besetzung für Violine, zwei Violen,

Violoncello, Kontrabass geschrieben. An Ensemblemusik für Streicher hinterließ er sieben Quartette, zwei Quintette und ein Oktett. Von den Blasinstrumenten liebte er besonders die Klarinette; für dieses Instrument schrieb er eine Sonate und für deren Kombination mit einem Bassetthorn zwei spielfreudige Konzertstücke mit Klavier, von denen er eines orchestrierte. Unter den Sonaten für ein Streichinstrument und Klavier befinden sich drei Violinsonaten, eine Bratschensonate von 1823/24 von besonders ernstem Charakter und zwei Violoncellosonaten. Vor allem in den beiden letzteren zeigt er sich als Erfinder von Themen und Motiven, deren inneres Wachstum und deren Modifikationsfähigkeit so enorm sind, dass sie neue formale Gestaltungen hervorrufen, die mit den Schemata deutscher Sonatenformen kaum noch zu fassen sind.

Chronologisches Verzeichnis der Werke Mendelssohns

Von Mendelssohns ca. 750 Kompositionen hat er lediglich 72 zum Druck befördert und mit Werknummern versehen. Die nach Mendelssohns Tod von einer Gruppe seiner Freunde und später noch von seinem Sohn Karl vergebenen weiteren Opuszahlen bis 121 sind irreführend, weil sie teilweise frühe Werke mit einer hohen Zahl belegen. Sie werden hier nicht mitgeteilt (es wäre auch gut, sie generell aus dem Verkehr zu ziehen), und das einzelne Werk wird lediglich bei seinem Namen oder Titel genannt. Darüber hinaus gibt es den quantitativ größeren Teil von Kompositionen Mendelssohns ganz ohne Opuszahl, sie werden hier wie die anderen Nachlasswerke behandelt.

1819
Sonate für zwei Klaviere D-Dur
1820
Klaviertrio c-Moll
Sonate F-Dur für Violine und Klavier
Soldatenliebschaft, komisches Singspiel in einem Akt
1821
Die beiden Pädagogen, komische Operette in einem Akt
Klavierquartett d-Moll
Klaviersonate g-Moll
Streichersinfonien Nr. 1–6
Die wandernden Komödianten, komische Oper in einem Akt
Der Verlassene, Lied von einem unbekannten Textdichter
1822
Gloria für Soli, Chor und Orchester
Magnificat für Soli, Chor und Orchester

Streichersinfonien Nr. 7–8
Konzert a-Moll für Klavier und Streichorchester
Konzert d-Moll für Violine und Streichorchester
Klavierquartett c-Moll (op. 1)
1823
Streichersinfonien Nr. 9–12
Streichquartett Es-Dur
Doppelkonzert für Violine und Klavier mit Streichorchester oder vollem Orchester
Sonate f-Moll für Violine und Klavier (op. 4)
Konzert E-Dur für zwei Klaviere und Orchester
Der Onkel aus Boston (Die beiden Neffen), komische Oper in drei Akten
Klavierquartett f-Moll (op. 2)
1824
Sonate c-Moll für Viola und Klavier
Sinfonie Nr. 1 c-Moll (op. 11)
Sonate Es-Dur für Klarinette und Klavier
Nocturno für Harmoniemusik (später Ouvertüre für Militärorchester, op. 24)
Klaviersextett D-Dur
Konzert As-Dur für zwei Klaviere und Orchester
1825
Klavierquartett h-Moll (op. 3)
Kyrie d-Moll für Chor und Orchester
Streichoktett Es-Dur (op. 20)
1826
Konzert-Ouvertüre C-Dur (Trompeten-Ouvertüre)
Klaviersonate E-Dur (op. 6)
Streichquintett A-Dur (op. 18)
Konzertouvertüre zu Shakespeares *Ein Sommernachtstraum* (op. 21)

Te Deum für Soli, Doppelchor und Basso continuo
1827
Sieben Charakterstücke für Klavier (op. 7)
Die Hochzeit des Camacho, komische Oper in zwei Akten (op. 10)
Klaviersonate B-Dur
Streichquartett a-Moll (op. 13)
Tu es Petrus für Chor und Orchester
1828
Rondo capriccioso E-Dur (op. 14)
Dürer-Festmusik für Soli, Chor und Orchester
Konzertouvertüre *Meeresstille und glückliche Fahrt* (op. 27)
Humboldt-Kantate für Soli, Männerchor und kleines Orchester (»Begrüßung«)
1829
Streichquartett Es-Dur (op. 12)
Aus der Fremde, ein Liederspiel
1830
Der 115. Psalm für Soli, Chor und Orchester (op. 31)
Kirchen-Musik (op. 23)
Konzertouvertüre *Die Hebriden* (op. 26)
Sinfonie d-Moll (*Reformation*)
1831
Verleih uns Frieden für Chor und kleines Orchester
Wir glauben all an einen Gott für Chor und Orchester
Klavierkonzert Nr. 1 g-Moll (op. 25)
1832
Neue Liebe, Lied nach Heine aus: Sechs Gesänge für eine Singstimme und Klavier (op. 19a)
Lieder ohne Worte für Klavier, 1. Heft (op. 19b)
Konzertstück für Klarinette, Bassetthorn und Klavier oder Orchester f-Moll (*Die Schlacht bei Prag*)

1833
Konzertstück für Klarinette, Bassetthorn und Klavier d-Moll
Sinfonie A-Dur (*Italienische*)
Die erste Walpurgisnacht, Ballade von Goethe für Soli, Chor und Orchester (op. 60)
Schauspielmusiken zu Calderons *Der standhafte Prinz* und Immermanns *Andreas Hofer*
1834
Rondo brillant Es-Dur für Klavier und Orchester (op. 29)
Musik zu Immermanns *Kurfürst Johann Wilhelm im Theater*
Konzertarie *Infelice! – Ah, Ritorno* I, für Sopran, obligate Violine und Orchester
1835
Lieder ohne Worte für Klavier, 2. Heft (op. 30)
Trois Caprices für Klavier (op. 33)
Konzertouvertüre *Das Märchen von der schönen Melusine* (op. 32)
Paulus, Oratorium nach Worten der Heiligen Schrift für Soli, Chor und Orchester (op. 36)
1837
Sechs Präludien und Fugen für Klavier (op. 35)
Drei Präludien und Fugen für Orgel (op. 37)
Lieder ohne Worte für Klavier, 3. Heft (op. 38)
Klavierkonzert Nr. 2 d-Moll (op. 40)
Der 42. Psalm für Soli, Chor und Orchester (op. 42)
1838
Sonate für Violine und Klavier F-Dur
Drei Streichquartette in D-Dur, e-Moll, Es-Dur (op. 44, 1–3)
Sonate für Violoncello und Klavier Nr. 1 B-Dur (op. 45)
1839
Musik zu Hugos *Ruy Blas* (Ouvertüre und *Chor der Wäscherinnen*)
Klaviertrio Nr. 1 d-Moll (op. 49)
Der 114. Psalm für Chor und Orchester (op. 51)

Gutenberg-Kantate für Männerchor und zwei Blechblasorchester
1840
Lobgesang, eine Sinfonie-Kantate nach Worten der Heiligen
  Schrift für Soli, Chor und Orchester (op. 52)
1841
Lieder ohne Worte für Klavier, 4. Heft (op. 53)
Variations sérieuses d-Moll für Klavier (op. 54)
Musik zu Sophokles' *Antigone* für Soli, Männerchor und
  Orchester (op. 55)
Der 95. Psalm für Soli, Chor und Orchester (op. 46)
1842
Sinfonie a-Moll (*Schottische*) (op. 56)
Konzertarie Infelice! – Ah, Ritorno II, für Mezzosopran und Orchester
1843
Sonate für Violoncello und Klavier Nr. 2 D-Dur (op. 58)
Musik zu Shakespeares *Ein Sommernachtstraum* für Soli, Frauen-
  chor und Orchester (op. 61)
Der 2. Psalm für Doppelchor a cappella
Der 98. Psalm für zwei Chöre und Orchester
1844
Lieder ohne Worte für Klavier, 5. Heft (op. 62)
1845
Musik zu Sophokles' *Ödipus in Kolonos* für Soli, Männerchor und
  Orchester
Konzert für Violine und Orchester e-Moll (op. 64)
Klaviertrio Nr. 2 c-Moll (op. 66)
Sechs Sonaten für Orgel (op. 65)
Lieder ohne Worte für Klavier, 6. Heft (op. 67)
Streichquintett B-Dur
Romance sans paroles für Violoncello und Klavier
Musik zu Racines *Athalia* a) für Frauenstimmen und Klavier, b)
  für Soli, Chor und Orchester

1846
Lauda Sion, für Soli, Chor und Orchester
Lieder ohne Worte für Klavier, 7. Heft (im Manuskript)
Elias, ein Oratorium nach Worten des Alten Testaments für Soli, Chor und Orchester (op. 70)
Drei Motetten für gemischten Chor (op. 69)
1847
Sechs Lieder für eine Singstimme und Klavier (op. 71)
Streichquartett f-Moll
Die Lorelei, Oper in drei Aufzügen (Fragmente aus dem 1. Akt)
Christus, Oratorium für Soli, Chor und Orchester (Fragment)

Wichtige Bücher zu Felix Mendelssohn

Der Autor hätte sich auf verstreut erschienene Aufsätze mehrerer Autor(inn)en zu beziehen und einigen Gesprächspartner(inne)n der letzten Jahre zu danken, die hier nicht alle angeführt werden können, darum sei wenigstens eine Auswahlbibliographie der für ihn wichtigsten Primär- und Sekundärquellen in Buchform gegeben.

Felix Mendelssohn Bartholdy
– Leipziger Ausgabe seiner Werke, Leipzig/Wiesbaden, seit 1960, erneut seit 1997.
– Sämtliche Briefe, Herausgegeben von Helmut Loos und Wilhelm Seidel, 12 Bände, Kassel 2008-17.
(Der vorerst irreparable große Nachteil der umfangreichen Briefausgabe, dass in ihr lediglich die Briefe von Mendelssohn ohne die Gegenbriefe gesammelt und kommentiert sind, soll später durch eine nur noch online erreichbare, aber allgemein

und kostenlos zugängliche Version aller Briefe von und an Mendelssohn erweitert resp. ersetzt werden.)

- Back, Regina, »Freund meiner MusikSeele«. *Felix Mendelssohn Bartholdy und Carl Klingemann im brieflichen Dialog*, Kassel 2014.
- Bick, Martina, *Musikerinnen in der Familie Mendelssohn*, Berlin 2017.
- *Bürgerlichkeit und Öffentlichkeit. Mendelssohns Wirken in Düsseldorf,* Schliengen 2012.
- Geuting, Matthias (Hg.), *Felix Mendelssohn Bartholdy. Interpretationen seiner Werke*, 2 Bände, Laaber 2016.
- Heine-Institut Düsseldorf (Hg.), »*Übrigens gefall ich mir prächtig hier«. Felix Mendelssohn Bartholdy in Düsseldorf,* Düsseldorf 2011.
- Jacob, Heinrich Eduard, *Felix Mendelssohn und seine Zeit*, Frankfurt/M. 1959 ³2016.
- Klein, Hans-Günter, »*Goethe sein Vorbild«. Felix Mendelssohn Bartholdy, der Dichter und ihre familiären Beziehungen, nach Briefen und Tagebüchern,* Hannover 2012.
- Konold, Wulf, *Felix Mendelssohn Bartholdy und seine Zeit*, Laaber 1984 ³2013.
- Krummacher, Friedhelm, *Mendelssohn – der Komponist. Studien zur Kammermusik für Streicher*, München 1978.
- Lampadius, Wilhelm Adolf, *Felix Mendelssohn Bartholdy. Ein Gesammtbild seines Lebens und Wirkens*, Leipzig 1886, reprints.
- Lütteken, Laurenz (Hg.), *Mendelssohns Welten*, Kassel 2010.
- Metzger, Heinz-Klaus und Rainer Riehn (Hg.), Musik-Konzepte 14/15: *Felix Mendelssohn Bartholdy*, München 1980.
- Richter, Arndt, *Mendelssohn. Leben – Werke – Dokumente*, Mainz/München 1994.
- Sandberger, Wolfgang (Hg.), *Konstellationen. Felix Mendelssohn und die deutsche Musikkultur*, München 2015.

- Schabram, Kai Marius (Hg.), *Mendelssohns Kammermusik. Eine Einführung*, Berlin 2013.
- Todd, R. Larry, *Felix Mendelssohn Bartholdy. Sein Leben. Seine Musik*, Stuttgart 2008.
- Wehner, Ralf (Hg.), *Mendelssohn Werkverzeichnis (MWV)*, Wiesbaden 2008.
- Werner, Eric, *Mendelssohn. Leben und Werk in neuer Sicht*, Zürich 1980.
- Worbs, Hans Christoph, *Felix Mendelssohn Bartholdy in Selbstzeugnissen und Bilddokumenten*, Reinbek 1974.

Über den Autor

Peter Sühring
geboren 1946 in Berlin, arbeitete als Buchhändler sowie als Musik- und Literaturwissenschaftler in Tübingen und Berlin und lebt heute als Musikhistoriker und Publizist in Bornheim und Berlin. Er erschloss und veröffentliche Teile des Nachlasses von Jacobsthal und publizierte zur Musik der Trobadors, Mozarts, Mendelssohns, Schumanns und Schönbergs sowie zu Rousseau, Hölderlin, Heine, Marx und Kolmar. Einen Schwerpunkt seiner Arbeiten bilden das Judentum in Musik und Literatur sowie Fragen des Antisemitismus.
In den »Jüdischen Miniaturen« sind von ihm erschienen: »Gustav Jacobsthal. Glück und Misere eines Musikforschers« (Bd. 149) und: »Leo Blech. Komponist – Kapellmeister – Generalmusikdirektor« (Bd. 173, gemeinsam mit Rüdiger Albrecht, Jutta Lambrecht, Henry Larsson und Peter Sommeregger).

Jüdische Miniaturen Band 1

Hermann Simon
Moses Mendelssohn
Gesetzestreuer Jude und deutscher Aufklärer
64 Seiten, 13 Abbildungen
ISBN 978-3-942271-58-5
EUR 6,90